I0567487

DISCLAIMER

The author and publisher are providing this book and its contents on an "as is" basis and make no representations or warranties of any kind with respect to this book or its contents. The author and publisher disclaim all such representations and warranties, including but not limited to warranties of merchantability. In addition, the author and publisher do not represent or warrant that the information accessible via this book is accurate, complete, or current.

Except as specifically stated in this book, neither the author nor publisher, nor any authors, contributors, or other representatives will be liable for damages arising out of or in connection with the use of this book. This is a comprehensive limitation of liability that applies to all damages of any kind, including (without limitation) compensatory; direct, indirect, or consequential damages; loss of data, income, or profit; loss of or damage to property; and claims of third parties.

This Book Offers Free Bonus Puzzles
Available Here:

BestActivityBooks.com/WSBONUS20

5 TIPS TO START!

1) HOW TO SOLVE

The Puzzles are in a Classic Format:

- Words are hidden without breaks (no spaces, dashes, ...)
- Orientation: Forward & Backward, Up & Down or in Diagonal (can be in both directions)
- Words can overlap or cross each other

2) LEVEL UP THE GAME!

A space is provided next to each word to write new ones, translations or notes. We also offer a convenient **NOTEBOOK** at the end of this edition. It can help you organize your annotations, new words and/or observations.

3) TAG YOUR WORDS

Have you tried using a tag system? For example, you could mark the words which have been difficult to find with a cross, the ones you loved with a star, new words with a triangle, rare words with a diamond and so on...

4) EASY TO CUT!

The Puzzles come with an Extra Large margin to easily cut the page out of the book. Some people may feel it more convenient to solve them this way.

5) FINISHED?

Go to the bonus section: **MONSTER CHALLENGE** to find a free game offered at the end of this edition!

Want **more fun** and activities to **relax? It's Fast and Simple!** An entire Game Book Collection **just one click away!**

Find your next challenge at:

BestActivityBooks.com/MyNextWordSearch

Ready, Set... Go!

Did you know there are around 7,000 different languages in the world? Words are precious.

We love languages and have been working hard to make the highest quality books for you. Our ingredients?

One part easy-to-read print, three parts entertainment, then we add some challenging words and a pinch of rare ones. We brew them with care to serve you lots of fun and an opportunity to solve the best puzzles.

Your feedback is essential. You can be an active participant in the success of this book by leaving us a review. Tell us what you liked most in this edition!

Here is a short link which will take you to your Amazon orders review page.

BestBooksActivity.com/Review50

Thanks for your fidelity and enjoy the Game!

Delta Classics Team

Puzzle 1

```
K W Q V F P N A W Ö X M A I L
D L I B Ü D S F Ö K Z C ß Ö N
G G O P N E ß O R G A R M L H
L N X P F D W J W A X F Y W A
O U V ß F N E L E I P S F B B
C R Ö T R E I N I B M O K E N
K E H R Y S N E G N Ä H ß J E
E H Y Ö Z X C R E Ä J R X ß ß
D C G H R ß F H F R A G T E A
P I E E Ä Z U I A T J D L X R
A S Ü G A N E Q Ö T Ü Q E Ü T
P B U V D S H E L L T X Z J S
M A N A G E M E N T S E Y Ä Q
L O K A L I S I E R E N N O A
```

SCHATTEN
LOKALISIEREN
ABSICHERUNG
KLOPFEN
SPIELEN
FÜNF
SENDE
MANAGEMENT
SHELL
ZELT

MAIL
GLOCKE
BILD
HÄNGEN
KAFFEE
GROßEN
FRAGTE
GEHÖRT
KOMBINIERT
STRAßENBAHN

Puzzle 2

```
G U O E S A H P R Z M G L P N
U Z U G C X P Y J I E M O A C
O K B Z H Y C L E S N I P R Q
B J I O A G G M R L E D T T T
Z F P F F U G Y Ü S G P E E L
E V F P F D P N Ü Ü E C K I A
G S A Q E T N H E Z R O A ß H
P R A H N D E B A Z S T A D T
A A E C G E H E I M N I S X N
F H T S G E S P R U N G E N E
E M H I F U T T E R W U R F F
Ü C C R E D E W E X U W U A U
Y S A F D N B E Z I E H E N A
K L L Ä O M T K L Ö W E B L P
```

PHASE	PINSEL
SCHAFFEN	PARTEI
GESPRUNGEN	ZEHNTE
WEDER	GEHEIMNIS
LACHTE	PATIENT
ZUG	STADT
ZEIT	FUTTERWURF
BEWÖLKT	RINDE
FRISCH	REGEN
BEZIEHEN	AUFENTHALT

Puzzle 3

```
Q K Ö M E Ö L E R N E N H F E
G Ä Q Q W G P L Y O O E A I R
Z T H D D G Q L E L Y L A N W
M Z L P E A N E N L D I R A A
F C K U R V E U M A G E Ä N C
I H C U A R V T B B S F Ö Z H
E E H C V ß C R R E Ä J Ü F S
L N P U N K T I L C G J ß O E
E U S T U R M V A S D M N U N
T Ü I A H E ß K M ß ß G U W E
I L W O M N B W M B H A K N Y
T Ü J H A U S U E F Ü R J O R
N S E X D P D V S I A M N Ä S
N W Ü C U F U M Ä P T G ß ß D
```

LAMM	RAUCH
BUS	UMGEBUNG
BALLON	MAIS
STURM	KÄTZCHEN
FINANZ	LERNEN
VIRTUELLE	WEIT
HAAR	EILEN
HAUS	KURVE
TITEL	ERWACHSENE
PUNKT	FIEL

Puzzle 4

```
E K O B F E N T F E R N E N T
S U E M R B G P I V P G D N D
S Y L D E G E E O Z J I I T R
B S F ß U R P W B A X L T N Y
A S ß D N A S P A O O T E Ä A
R I O O D S H O P H R T A E Ö
E N O T F A L L Z M R E M R Q
N G A D A R T I K E L E N S N
U N W Ö N H R D T W X W N A A
S Ä W Ö Z Ö H A H R V W L T L
O F Y C O T A O S U Y J W Z L
ß E N K O L F P R I V I L E G
X G T Ü G B E W E G U N G B R
F T Q A H S G A T I E R F M R
```

FREUND
GEFÄNGNIS
ENTFERNEN
SAND
SHOP
GEFAHR
FREITAG
BEWAHREN
ZOO
GILT

ALL
GEBOREN
ELF
NOTFALL
ARTIKEL
TEAM
PRIVILEG
ERSATZ
BEWEGUNG
ESSBAREN

Puzzle 5

```
H  S  U  N  T  E  R  S  C  H  I  E  D  D  M
S  I  O  S  C  H  L  Ü  S  S  E  L  J  V  Z
L  E  G  N  E  R  I  O  J  V  L  Ä  M  Ö  P
F  Q  O  H  N  S  I  C  H  E  R  G  N  Ü  B
U  R  E  L  L  E  T  S  T  F  I  R  H  C  S
ß  S  M  V  G  I  N  H  E  R  U  M  C  Z  M
B  T  M  R  E  F  G  B  C  Q  B  Q  O  U  A
A  E  U  Ö  H  J  I  H  R  B  C  B  H  L  H
L  I  D  W  K  T  L  J  T  I  Ä  A  R  E  L
L  N  S  E  R  V  I  C  E  R  L  A  F  T  Z
A  U  S  B  R  E  C  H  E  N  I  L  V  Z  E
B  T  D  A  T  S  T  A  M  I  E  H  E  T  I
G  E  R  U  C  H  C  K  U  S  Ö  Q  R  H  T
T  Ä  U  S  C  H  E  N  S  M  Q  K  R  E  I
```

DUMME
HERUM
SONNENBRILLE
SICHER
SCHLÜSSEL
UNTERSCHIED
SERVICE
GERUCH
SCHRIFTSTELLER
AUSBRECHEN

TÄUSCHEN
IHRE
HEIMATSTADT
ZULETZT
MAHLZEIT
HIGHLIGHT
ENGEL
STEIN
HOCH
FUßBALL

Puzzle 6

```
T N Z S T A U B E Ü A E V D G
D R S Ä Ü Ä T Ü Q K N N O U E
M E N S C H E N ß V C T R S T
A H L C T K A P M O K F H C R
F C G E T E E W Q T F E Ä H O
ß I E W I Ä L L Q T U R N E C
G S D ß R V B E J O C N G R K
Z R X S H A S R N U H U E J N
U E L J C Q V Ä E D S N C M E
P V Ö Q S S A N S N E G B M T
P R I M Ä R E F S Y N N J R E
T A L E N T I E E I H E C D N
F E P M Y C W T R V A Y N K F
S L U U B U S T K T Y Ä S P Ü
```

TALENT	VORHÄNGE
ELENDEN	VERSICHERN
KRESSE	WEIß
PRIMÄRE	GETROCKNETEN
FUCHS	ENTFERNUNG
BRENNEN	SAH
VIELE	MENSCHEN
SCHRITT	KOMPAKT
DUSCHE	STAUB
NASS	FETT

Puzzle 7

```
K  G  I  B  W  K  N  H  M  M  P  J  I  N  S
W  E  I  T  E  R  L  G  M  U  Z  S  M  Y  T
M  F  L  Ö  W  Z  M  V  B  A  T  V  S  ß  E
I  S  R  L  J  Y  N  E  D  A  L  T  N  N  I
E  J  F  J  E  U  N  R  E  U  A  D  E  E  G
T  N  L  S  T  B  D  L  P  T  O  V  H  R  E
E  M  G  W  H  B  A  E  P  I  V  E  C  E  N
Ä  J  N  N  C  I  A  T  G  E  E  R  I  I  C
E  U  L  E  I  M  J  Z  T  H  R  F  L  L  V
X  O  Ö  Ä  D  Ü  ß  T  R  K  T  A  B  U  Z
G  A  B  E  L  S  T  E  R  N  E  H  Ü  K  K
K  L  A  S  S  E  L  Ä  F  A  F  R  X  R  P
E  I  C  H  E  L  N  A  U  R  Z  E  M  I  J
W  I  E  S  E  W  R  Z  H  K  G  N  Ä  Z  Ö
```

ZIRKULIEREN   GABELSTERNE
TABELLE   VERLETZT
DAUER   VERFAHREN
EULE   WEITER
HALS   ÜBLICHE
WIESE   KLASSE
EICHELN   KRANKHEIT
MIETE   STEIGEN
DICHTE   MUTTER
LADEN   ZWÖLF

Puzzle 8

```
E A N E G U Z R O V E B A H K
N A V B N E N H E L B A L O Q
T N C D N R N O A L A S L H C
S P V K C Ä U O G R Ö V E E P
C U I V L Z A H M E E F S J L
H S T E H L E N B M S U V S K
E I N T E R R U P T E U L Ü R
I V E R H E D D E R T N N V O
D G R ß E P E F L A G G E D N
E A E N O E I D R E H E N S E
N S C O P R L M I I J G Ä S U
I Ö R K T C G I N N O S V F R
I D E N T I T Ä T J Ö P J K R
B E S T I M M T E V G M Ä M U
```

GROßE
ABLEHNEN
GAS
LIED
DREHEN
VERHEDDERT
KRONE
STEHLEN
BEVORZUGEN
GENOMMEN

BESTIMMTE
ALLES
IDENTITÄT
FLAGGE
ENTSCHEIDEN
VAN
GESUND
INTERRUPT
SONNIG
HOHE

Puzzle 9

```
A  Ä  P  C  Ö  G  Ä  L  I  Ö  N  Ö  K  U  T
U  T  Ä  R  U  I  E  G  E  N  O  R  T  I  Z
F  K  L  E  I  D  U  N  G  H  E  I  T  D  L
M  R  Ü  Q  Ü  X  Q  G  O  B  R  I  U  H  O
E  A  I  Ä  G  Ö  K  B  Ö  I  B  E  F  R  W
R  M  C  Ö  B  N  E  R  Ö  H  E  G  R  K  T
K  C  ß  F  E  U  E  R  C  I  Q  Y  Q  Y  L
S  E  Z  U  S  A  M  M  E  N  B  R  U  C  H
A  I  Z  E  R  F  A  L  L  L  K  O  H  L  C
M  R  G  D  H  C  I  L  R  Ü  T  A  N  J  S
M  E  D  I  Z  I  N  E  H  Y  O  T  Ü  I  I
L  T  I  N  Y  E  I  D  A  M  E  U  I  C  E
I  A  S  V  I  G  P  S  Y  C  Q  P  B  M  L
F  M  A  I  B  W  Z  W  I  S  C  H  E  N  F
```

KLEIDUNG	FILM
LEHRER	ZITRONE
FEUER	MEDIZIN
WIND	GEHÖREN
PIN	ZUSAMMENBRUCH
ZWISCHEN	MATERIE
NATÜRLICH	KOHL
MITTLERE	ZERFALL
DAME	MARKT
FLEISCH	AUFMERKSAM

Puzzle 10

```
N  S  K  A  T  Z  E  W  R  V  M  U  N  D  V
T  F  U  A  K  E  G  H  G  E  Ü  D  O  R  S
Ö  L  G  B  B  E  K  A  M  R  M  B  R  K  K
N  E  H  E  S  E  G  D  P  F  E  Z  E  N  I
E  S  B  C  G  T  H  F  Ä  O  T  Ö  N  R  I
S  C  L  H  Ä  E  A  V  Ü  L  H  G  N  V  P
S  H  R  N  Y  T  N  P  G  O  E  E  R  O
E  L  O  Q  T  R  O  S  Z  E  D  R  N  M  S
G  A  T  S  A  A  K  A  A  N  E  N  E  M  T
A  N  X  F  M  W  Z  S  C  T  S  I  E  G  B
T  G  F  E  D  R  V  F  G  Ä  Z  G  H  L  O
T  E  V  Ö  J  E  S  C  H  A  L  M  U  T  T
I  R  I  C  H  T  L  I  N  I  E  N  P  Z  E
M  U  T  F  Ä  H  I  G  K  E  I  T  O  J  O
```

GEIST
GEKAUFT
ÜBER
ERWARTETE
SCHAL
MITTAGESSEN
RICHTLINIEN
NENNER
METHODE
BEKAM

FÄHIGKEIT
GESEHEN
GEGENSATZ
KATZE
MUND
POSTBOTE
SUBSTANZ
ZÖGERN
SCHLANGE
VERFOLGEN

Puzzle 11

```
W H ß Q Z E R N S T H A F T E
F A E H C U S E B O M G I O ß
O Ö R ß C K E A V N F I K X W
R N E N S U V U K K Q P C A Z
M P D B U Ö T B R E B U A R T
A G L S A N K D A L T H E M A
L E I A W M G G N U T L A H G
S T W Ü N B Y G K A M Y E O J
Ü U K Ü H E Q Ö E G H D U G V
ß P B N X A T G N U T S I E L
E F E O Y Z X E H C Ü K S ß Q
Z T H C U B S Ü N H S Y D C X
L Ü B S S C H L A M M I G E R
Ö O Ä N D E R N E T A R I E H
```

HEIRATEN	HALTUNG
SÜßE	PLANETEN
KRANKEN	BUCHT
GETUPFT	HANDTUCH
SCHLAMMIGER	WARNUNG
FORMAL	ERNSTHAFTE
WILDE	ONKEL
BESUCH	TRAUBE
THEMA	KÜCHE
ÄNDERN	LEISTUNG

Puzzle 12

```
S T R A U B E N E H C E R B Y
E G H P Ö H C I L H C S N E M
R I P M A V I S S K S G B E Z
B E E I N F L U S S E N O R E
H Y U F E D K Ä O K O H D F I
J C D Q F A J G A M A C E O T
Ö I Ä D P N O X R F Ü L N L P
Q X V E O N W I L D N I S G L
S Ä U R R X V S M N F M I R A
U I B L T R M Q I U Ä D T E N
C O N C E I V E Ü N W H K I F
M U S K A T N U S S G J R C K
Z U N E I G U N G S J E A H D
Ä H F R G I R E I G U E N P F
```

BODEN	NEUGIERIG
ERFOLGREICH	MUSKATNUSS
ZEITPLAN	QUER
SINGEN	ZUNEIGUNG
MENSCHLICH	ARKTIS
BEEINFLUSSEN	TROPFEN
TRAUBEN	WILDNIS
CONCEIVE	SIE
MILCH	DANN
VAMPIR	BRECHEN

Puzzle 13

```
U M M X A B E N D E S S E N L
K G M J W L Ü W Z T C F H B A
R N D E N K E N Ö J ß Ö C E S
E P O L I S T E D L E G I T S
S R Ü T L B B U Y E S B L R E
I O H H E E R E ß B K Q H A N
D Z E C W N C N Z Ö E Ö Ö C S
E E I I D Y C Ä H M L ß R H N
N S Ö L N S H Z I Ä E L F T O
T S B D Ü F V C G H T ß J E V
H B O R P I A S E Ä T E ß N X
Ö U Ü Ö K X Ä C L E F F Ü B Q
I O ß N B U I E H W E L P E N
B K L T G G E B U R T S T A G
```

DENKEN	PROZESS
LÖWE	BÜFFEL
WELPEN	RESIDENT
KNOTEN	FRÖHLICHE
SKELETT	EINFACH
BETRACHTEN	IGEL
MÖBEL	NEUEN
GEBURTSTAG	NÖRDLICH
LISTE	GELD
ABENDESSEN	LASSEN

Puzzle 14

```
O  B  Ü  B  N  Ü  Ä  A  X  S  F  N  N  S  V
R  S  Q  Ü  A  S  Y  V  U  C  Q  W  M  G  E
D  J  F  J  E  U  O  Y  R  H  C  P  P  V  R
A  W  X  D  Z  A  M  C  Ö  W  Y  D  X  Ö  T
Z  N  L  P  O  Ä  A  E  W  E  Z  R  U  K  E
K  R  E  W  Z  T  E  N  L  R  Ä  Z  Ä  C  I
C  S  T  A  N  D  A  R  D  T  K  E  Ü  L  D
Ü  U  O  V  P  R  R  E  A  S  N  G  I  I
L  W  H  G  B  E  ß  Ö  W  M  L  I  B  P  G
G  I  V  Q  Ü  F  M  R  N  R  P  E  N  S  E
X  F  E  J  R  P  I  C  K  O  S  L  T  N  N
O  T  U  G  O  R  T  B  P  F  P  K  H  Ü  Ü
Ü  O  I  K  E  U  W  Ä  H  R  E  N  D  S  N
H  M  Y  Y  Q  N  A  U  B  E  G  A  N  N  F
```

OZEAN	NUR
PFERD	SCHWER
WÄHREND	KURZE
KLEINE	BÜRO
SINN	LIEGEN
NETZWERK	VERTEIDIGEN
GLÜCK	STANDARD
BAUMELT	BEGANN
FORMAT	CLIPS
MIT	HOTEL

Puzzle 15

```
E  I  S  Z  A  P  F  E  N  Y  Q  T  E  P  D
F  B  E  ß  I  K  M  ß  O  ß  O  E  R  B  E
E  G  T  H  Y  J  Ö  A  Z  A  J  I  H  I  S
Ä  H  O  W  G  W  Z  N  X  P  S  L  Ö  L  S
E  I  D  E  C  H  S  E  N  I  R  E  H  R  E
R  E  Y  R  S  A  C  H  E  T  M  N  E  C  N
S  I  T  U  A  T  I  O  N  S  E  A  N  F  K
U  L  V  A  R  U  F  L  Ö  K  S  Z  L  L  L
W  I  Y  K  Y  L  F  O  E  R  W  A  K  I  A
D  M  M  O  Y  F  M  S  H  T  L  ß  T  P  V
Z  A  A  F  R  E  T  T  C  H  E  N  G  P  I
ß  F  I  H  U  R  R  I  K  A  N  K  M  E  E
H  E  R  A  U  S  R  A  G  E  N  D  E  R  R
U  N  R  E  G  E  L  M  Ä  ß  I  G  E  N  P
```

TEILEN	MAXIMAL
KÖNNTE	FAMILIE
SITUATION	TASSE
MAI	EISZAPFEN
SACHE	EIDECHSE
DESSEN	HERAUSRAGENDE
FRETTCHEN	UNREGELMÄßIGEN
SOLO	HURRIKAN
ERHÖHEN	KLAVIER
FLUT	FLIPPER

Puzzle 16

```
S E M P F I N D L I C H E N E
L I A N E R A M E N T A L M I
W W C Ä B X W Ü H L M A U S S
B E T H C O P D K H Z K D V E
J D D E T E N E N N O W E G N
N N L P W B Z B R L E I T E R
A E N S A L A G Z T K J T A H
N E G A T I V R T T E W L J S
X S C H M E R Z H A F T M Ü J
M O T I V A T I O N R W R J S
H D E Z I M A L L Y S T A M M
O F I L Z M A R K I E R U N G
F S T A C H E L B E E R E O I
G E H E I M N I S S E P N R R
```

ENDE
HOF
POCHTE
GEHEIMNISSE
ARENA
NEGATIV
EMPFINDLICHEN
DEZIMAL
SCHMERZHAFT
EXPERTE

STACHELBEERE
FILZMARKIERUNG
GEWONNEN
MOTIVATION
WÜHLMAUS
LEITER
EISEN
STAMM
SICHTBAR
MENTAL

Puzzle 17

```
V D G Y ß B O P I T M A N N K
E A Ü D C V K B O I M R E E A
R ß A E B N R G W E A H R R U
R X N B F V O G S O W C H O F
Ü Z V T S A K E O X H S Ü L E
C L B T R M O H Q R C L F R N
K Z V Ü C J D T Q Ä S A H E E
T V S Ü Ä O I L U J S F C V N
G B K X N B L Ü A N U A R B E
L A D R E S S E L B K Ä U M I
E Ä F N R Ö A C I K J C D R D
I Ä K B H X H M T O X P E E Ü
C L Y F Ü Z Ä W Ä V F M P W R
H V L P F S H Z T P M S G O Z
```

BALD
VERLOREN
JOB
GLEICH
BRAUN
DIENEN
QUALITÄT
OBWOHL
MANN
KROKODIL

VERRÜCKT
KAUFEN
FALSCH
SCHWAMM
FÜHREN
GEHT
ADRESSE
KUSS
ZWECK
DURCHFÜHREN

Puzzle 18

```
Q  J  E  D  E  R  Z  E  I  T  S  N  U  K  R
U  N  A  N  G  E  B  R  A  C  H  T  E  P  G
ß  W  C  H  C  Ü  C  W  G  E  B  A  B  Y  S
N  E  T  L  A  W  R  E  V  S  T  ß  R  Ü  C
N  E  M  H  A  A  V  I  N  T  E  R  N  E  H
S  C  H  W  I  M  M  E  R  I  D  E  T  B  L
C  S  I  C  W  D  V  B  L  F  N  W  W  E  A
L  T  N  M  I  V  K  R  F  Y  E  G  O  S  U
Ä  O  D  T  P  L  F  B  Y  Y  W  N  L  O  C
F  L  Ü  Ä  V  O  T  I  K  N  R  I  K  N  H
G  Z  P  W  K  S  R  S  E  G  E  A  E  D  Q
O  J  V  I  K  X  H  T  E  B  V  R  T  E  H
B  E  K  O  M  M  E  N  N  W  E  L  M  R  H
M  A  T  E  R  I  A  L  E  K  F  R  L  E  A
```

VERWALTEN
UNANGEBRACHTE
JEDERZEIT
VERWENDET
WOLKE
BEKOMMEN
FIEBER
BABY
SCHWIMMER
FIT

BESONDERE
WESTLICHEN
KUNST
AHMEN
MATERIAL
IMPORT
INTERNE
SCHLAUCH
INGWER
STOLZ

Puzzle 19

```
W  S  E  R  O  B  I  U  Q  Ü  G  K  O  F  F
U  I  C  J  B  P  A  R  E  L  T  S  N  Ü  K
M  N  S  H  T  G  I  T  F  Ä  H  C  S  E  B
O  Z  T  S  A  Y  R  E  G  N  U  J  Q  T  T
N  E  R  E  E  F  Q  I  V  G  L  L  Ä  R  Y
A  X  A  L  R  N  E  L  N  E  H  C  I  E  R
T  T  F  E  G  H  S  Z  M  G  R  C  G  I  E
L  R  Q  S  Q  A  A  C  Ö  E  A  T  E  Z  X
Ö  E  I  E  Ä  Ö  L  H  N  U  G  S  I  T
S  M  Ä  N  H  S  Q  W  T  A  M  A  P  L  E
Ü  B  E  R  A  L  L  S  I  E  F  C  R  P  ß
E  N  T  F  E  R  N  T  E  A  N  T  Ä  M  K
H  S  C  H  Ü  C  H  T  E  R  N  S  C  O  H
V  E  R  H  A  L  T  E  N  X  I  Ä  H  K  T
```

ART	REICHEN
WISSENSCHAFT	EXTREM
UNTERHALTEN	ÜBERALL
URTEIL	SCHAFE
VERHALTEN	LESEN
ENTFERNTE	RAUM
MONAT	GESPRÄCH
KÜNSTLER	BESCHÄFTIGT
KOMPLIZIERT	GEGEN
JUNGER	SCHÜCHTERN

Puzzle 20

```
H  N  H  Ä  W  Ö  F  F  F  O  R  M  E  L  B
T  E  C  A  L  B  U  L  B  L  Ö  C  K  E  E
R  R  N  J  B  L  Ü  Ü  T  R  E  P  P  E  D
E  E  U  B  E  E  N  S  S  P  R  U  N  G  R
F  I  E  H  R  A  N  S  G  Ü  R  T  E  L  O
F  N  E  R  E  I  Z  I  N  U  M  M  O  K  H
E  I  J  X  H  P  E  G  U  A  P  L  A  N  U
N  F  J  X  C  C  I  K  M  G  O  F  R  F  N
N  E  R  E  I  T  N  E  S  Ä  R  P  E  R  G
J  D  Q  U  S  T  G  I  T  Ö  N  E  B  E  C
Ö  Y  U  S  N  O  I  T  U  T  I  T  S  N  I
B  E  W  E  R  T  U  N  G  Y  R  K  Ö  K  D
L  X  R  L  G  E  G  A  N  G  E  N  O  U  X
N  S  M  Y  V  R  I  C  H  T  I  G  E  R  X
```

SICHERE	BEDROHUNG
HABEN	REPRÄSENTIEREN
TREFFEN	SPRUNG
BEWERTUNG	FORMEL
DEFINIEREN	TREPPE
GÜRTEL	FLÜSSIGKEIT
AUGE	INSTITUTION
GEGANGEN	KOMMUNIZIEREN
BLÖCKE	BENÖTIGT
RICHTIGER	PLAN

Puzzle 21

```
Z X M Ö U Ä K J X A I U W A J
P A U C H M I R U H Z P I U G
F Z ß F C L F T A L D Ö L S K
E S X Q I G Ü A Z B X S D L N
H G A S M O Q I N A B R K Ä O
L I Q O M T K C F G F E A N C
E Z U M R Ö I Ü U Q W T T D H
N T J Ü N G S T E N K R Z I E
A U Ö U Z I U Q T Z J A E S N
Ö M R J R F M P Q E O M G C B
T H C S U Ä T T N E B S E H I
H C S I T K A R P H Y X H E E
U S O T I K S O M I R Y E R N
S O R G F Ä L T I G Ä E N Y E
```

KRABBE

KÄFIG

MICH

MOSKITOS

PRAKTISCH

BIENE

UMFANG

ENTTÄUSCHT

WILDKATZE

KNOCHEN

BETT

SORGFÄLTIG

JÜNGSTEN

AUSLÄNDISCHER

FEHLEN

SCHMUTZIG

SMARTER

AUCH

GEHEN

MUSIK

Puzzle 22

```
S U I Ö P X K P E N H K G J N
U C F B P E ß ß R Ö G A N U Y
L I D Ü Ü D R Ö Q Ä Ü N E B O
S Ä U L E A Z F L A D N S I X
E N L E Z N I E E X S Z S L B
S G E B U N D E N K P P A Ä S
I C T L A W E G P P T Q L U E
R T H X Ö B Ä I W X P E T M A
K P C U I N S Ä L R F K N C L
Ü A U G L P K A W U N D E R T
V R R B I D T E T H S V D S E
B T F K T J I J M Z T W R Ü Ä
O E N S S ß N G Z Y K L U S L
X N P A R T N E R O K G W R J
```

BOX	GEWALT
SÄULE	EINZELNE
KANN	ABSATZ
FRUCHT	SCHULDIG
ZYKLUS	ALTE
PARTNER	PERFEKTEN
KRISE	GEBUNDEN
STIL	WURDE
WUNDER	ENTLASSEN
ARTEN	JUBILÄUM

Puzzle 23

```
A  D  N  E  I  D  U  T  S  R  L  B  D  Ä  S
G  D  E  H  E  Q  K  S  S  T  I  L  L  E  C
E  Ü  X  R  R  F  R  E  U  N  D  L  I  C  H
N  R  P  E  F  T  Q  R  R  B  G  Z  Z  A  S
T  R  E  N  R  N  E  T  U  L  O  S  B  A  A
E  E  R  V  E  B  X  X  X  W  Ä  L  P  S  R
N  B  I  O  P  C  O  T  ß  Ä  Q  H  G  U  C
N  I  M  L  B  L  Z  U  Ö  C  N  O  V  C  B
T  Ä  E  L  Q  L  A  L  Y  H  D  L  K  H  W
O  M  N  Q  O  T  Ü  T  Ä  S  F  U  K  E  I
M  Ö  T  U  A  W  G  T  T  T  M  H  Ü  N  S
F  H  B  Y  M  Ü  J  Ä  E  E  ß  X  C  L  S
J  A  H  R  Z  E  H  N  T  E  Q  Y  Q  ß  E
F  R  O  H  V  E  R  F  Ü  G  B  A  R  E  N
```

FREI	JAHRZEHNTE
FROH	EHRENVOLL
AGENTEN	EXPERIMENT
VERFÜGBARE	REST
SUCHEN	ABSOLUTEN
CRASH	STUDIEN
FREUNDLICH	WISSEN
DÜRRE	WÄCHST
GLOBUS	BLÜTE
STILLE	PLATTE

Puzzle 24

```
Z B R Ü S M F E Z R Ü H C S H
Ü E H N Ä A A T R E E L E G B
N I I A X X L X ß K I Q B G A
A Z C G Ä O T I B R O T F D K
T K I Q T W E N D G B E U M E
Ü T R O C E N Y E B E D A N I
R L S I M P L I F Y S N R S G
L E S I E D L E R K T I F T N
I G H S C H W E R E I F T O Ä
C O Y A U L J U N ß M M R P C
H M S S D ß Ü M R K M L Ä P H
E V A L E N T I N E E M G E S
G E E I G N E T Q M N G T N T
M U S I K A L I S C H E R U E
```

VALENTINE
SCHÜRZE
ZEIGTE
STOPPEN
ZEITUNG
NÄCHSTE
GELEERT
GEEIGNET
BESTIMMEN
FALTEN

FRAU
ORBIT
SIEDLER
SIMPLIFY
FINDET
TRÄGT
DAHER
NATÜRLICHE
SCHWERE
MUSIKALISCHER

Puzzle 25

```
F M P G N U L M M A S A F T D
F E Ö G Ö F S R E D N O S E B
T T H G J N E ß E I L H C S E
L Ü W L L T H M O R G E N P I
A F Ä H E I R S F G A Q D E E
F I J E A R C W T X T Q Ä P R
L X J M R O F H K O P C L M T
E N T S C H U L D I G U N G P
I Z U F Ä L L I G E D C F C I
V S U B S T A N T I V Ü E T L
M N K T T Ö D L I C H E N A O
E Ö K S R P B B C Ü J M ß N T
E O T U B I E Ö Q U C T M J X
R Ü ß Q N I Ä P M Z A B S V I
```

FEHLER	FORM
SAFT	MEER
MORGEN	MEHL
DÜNN	SCHLIEßEN
TAG	BESONDERS
ZUFÄLLIGE	MÖGLICH
SUBSTANTIV	PILOT
SAMMLUNG	SEHR
ENTSCHULDIGUNG	VIELFALT
TÖDLICH	EIER

Puzzle 26

```
S H C U L L L L E T T O R A K
C Q Z E Ö L A D Ä Y Ö J E S Ö
H N E P F O ß U R J X L T Z S
N K Y V U V P L T E Ä O A E T
I N ß C E S A H ß Ä I U E N L
T N L E D N A H E B K L H A I
T L U X U S T H C V E K T R C
X X X E X W U W G C V A I I H
K M X B C Z R V E A Z M Q O E
G E T R O F F E N D J P W R N
P U L L O V E R Y I E F S T A
S C H Ü S S E L X W N R P O N
U N A B H Ä N G I G K E I T Ö
E I N F A C H E R A G O S M W
```

DREI	BEHANDELN
ENTWEDER	THEATER
HASE	GETROFFEN
KAROTTE	KAMPF
VOLL	LUCHS
UNABHÄNGIGKEIT	SZENARIO
KÖSTLICHEN	PULLOVER
SCHÜSSEL	SCHNITT
LAUT	EINFACHER
SOGAR	LUXUS

Puzzle 27

```
B E R E C H T I G T E N Q X Z
W N A B E S O R G T S E N V E
N E T S N O S Y T U I N D E R
U G N E A N A N A S E N ß R S
G I E I I N H A L T W U R W T
C T M N G I O C P H F R U E Ö
N F M T O P F D O G Ö B F N R
C E O J R V M O Q J Z T F D U
G H K A Ü T R E I L O S I U N
K A N I N C H E N Q Y T R N G
C O L V N R G G T F N I G G I
E I V Y C W G R G A Y O N S N
L T Ü J N R Ö E S N V O A J A
Z J M B S P X B Z S O Ä F I Q
```

ISOLIERT
VERWENDUNG
BESORGT
LECK
HEFTIGEN
INHALT
ZERSTÖRUNG
BRUNNEN
WEISE
WENIG

LAG
BERECHTIGTEN
SONST
ANANAS
BERGE
KOMMENTAR
VATER
KANINCHEN
ANGRIFF
TOPF

Puzzle 28

```
V  J  L  R  E  S  H  D  ß  A  Z  I  E  L  P
Q  X  W  F  I  C  L  E  W  V  N  Ü  G  Q  H
R  Z  N  N  G  H  S  L  Ö  P  P  D  Y  K  C
R  N  O  E  E  I  O  P  T  Ä  C  L  E  O  J
R  E  U  X  N  L  R  H  E  K  K  C  Ü  R  Q
V  U  D  Ä  S  D  Y  I  L  L  A  F  B  A  E
D  Q  R  E  C  K  Z  N  A  W  O  L  F  D  I
F  E  I  H  H  R  B  Q  M  E  L  B  O  R  P
D  S  W  K  A  Ö  H  I  N  W  E  I  S  G  ß
H  V  Ü  I  F  T  P  I  I  S  O  M  M  E  R
Ü  P  L  E  T  E  I  R  E  S  M  L  Q  G  J
S  E  K  U  N  D  E  X  Z  N  U  X  S  R  Ü
I  P  R  Ö  A  V  E  R  B  E  S  S  E  R  N
W  C  Ü  X  M  F  K  A  T  E  G  O  R  I  E
```

PROBLEM	ZIEL
SOMMER	SEKUNDE
KATEGORIE	ANDERE
SEQUENZ	ABFALL
VERBESSERN	HINWEIS
DELPHIN	WIRD
WOLF	SCHILDKRÖTE
SERIE	REDE
RÜCKKEHR	FAUL
EINMAL	EIGENSCHAFT

Puzzle 29

```
A A S G L A U B E N B R O K I
U L T D W Ä G J U G U E D R F
S L I U G W T R Ä Z F M M A K
D G C N A Ü N N R R I M J F G
R E H K R P V E O Ä M I S X E
Ü M E E T H E R T U N Z M Ä W
C E L L E F R R I T F F I G I
K I N Z N S B U N Z I A S N N
L N U N D P R N O ß D L C L N
I E N A N I I K M E I H H W E
C S Ä Ä A T N N C U O C U C N
H T O ß G Z G G E I T S N A S
E J Ü C E E E Ä T R X Z G Ä P
Q Ä N I L N N E T L A H E B R
```

AUSDRÜCKLICHE
SPITZEN
BEHALTEN
GEWINNEN
SCHLAFZIMMER
VERBRINGEN
ANSTIEG
DUNKEL
MISCHUNG
KAMM

SCHLITTEN
STICHELN
UND
KORB
GLAUBEN
NAGEL
ALLGEMEINES
GARTEN
KNURREN
MONITOR

Puzzle 30

```
P  Z  L  A  U  F  S  T  E  I  G  E  N  I  P
I  Q  N  E  K  N  E  S  R  E  V  U  U  Y  E
F  C  P  L  V  V  B  R  E  A  L  I  T  Ä  T
M  C  L  I  C  E  Ä  A  Y  K  S  R  ß  ß  T
O  T  T  E  R  I  L  ß  D  A  P  O  W  P  U
D  O  E  X  P  O  R  T  O  R  Ä  T  E  R  P
Ä  N  D  E  R  U  N  G  Ä  T  T  K  N  Ä  R
K  I  S  F  I  N  G  E  R  O  P  E  I  C  E
Z  K  V  A  A  P  N  F  F  F  H  H  G  H  I
M  Z  S  M  M  ß  B  A  N  F  N  L  E  T  S
X  J  Y  N  ß  S  R  V  F  E  W  C  R  I  Ä
N  Ä  N  G  D  U  T  M  Q  L  Q  H  E  G  Q
X  O  B  ß  U  J  Z  A  H  M  Q  E  I  E  D
M  E  N  G  E  Y  N  E  G  U  A  N  V  N  C
```

BAD	REALITÄT
SPÄT	MENGE
KARTOFFEL	LEVEL
FINGER	KINO
PRÄCHTIGEN	AUGEN
WENIGER	PREIS
VIER	ÄNDERUNG
SAMSTAG	OTTER
EXPORT	VERSENKEN
AUFSTEIGEN	ROTKEHLCHEN

Puzzle 31

```
D T M J H Ü A P F E D D P X Z
N E M H A N B A M Z R E T Z P
E D P D W E Ö Ä A D O T R P A
H D I L L Z S L N R G A O Z L
C Y I H Z T I B U Ü E I P J T
I Ö E H W E W ß E C N L I G N
E N Q C Z S J Ä L K B G S I E
R G J I U W V E L T O N C T M
S C H L A G A S E Ö D U H S G
U Y C Z R Ü E N A J E G E U A
A ß A T G A S I Z G N I Ä L R
ß Y W Ü F P P T R I E E V E F
X M U N M O H H Ä K G N X I Y
R I A Ö W C Y N C E M F Ä I X
```

TROPISCHE	DRÜCKT
EIS	LUSTIG
TEDDY	ABNAHME
NÜTZLICH	ZWANZIG
SAGEN	SCHLAG
KRIEG	SAGT
NEIGUNG	AUSREICHEND
DROGENBODEN	MANUELLE
DETAIL	FRAGMENT
GRAU	SETZEN

Puzzle 32

```
E  S  U  L  B  T  F  K  Y  P  X  G  ß  L  E
H  R  U  T  L  U  K  Ö  C  N  O  R  R  N  I
A  D  W  N  A  Ü  V  P  E  E  L  O  J  N  C
L  V  R  Ä  G  O  A  X  N  N  R  V  L  Y  H
B  N  I  E  H  C  S  N  E  N  N  O  S  X  H
E  L  O  A  I  N  E  D  E  I  R  F  U  Z  Ö
N  H  M  ß  G  ß  U  Q  S  G  I  Ä  K  U  R
G  R  A  F  I  K  I  N  R  E  T  L  E  V  N
S  B  S  G  L  J  Ü  G  G  B  A  R  M  R  C
T  K  U  Ä  E  R  E  I  C  H  S  T  E  N  H
A  B  M  K  K  H  A  B  I  C  H  T  A  G  E
H  S  M  I  C  F  L  A  S  C  H  E  N  M  N
L  T  E  B  A  S  C  H  Ü  T  T  E  T  E  D
U  B  Y  I  W  K  O  C  H  E  N  S  L  R  Y
```

POOL
FLASCHEN
GRAFIK
BEGINNEN
WACKELIG
SUMME
ZUFRIEDEN
HABICHT
KULTUR
SCHÜTTETE

DREIßIG
EICHHÖRNCHEN
REICHSTEN
HALBEN
STAHL
ELTERN
ERWÄHNUNG
BLUSE
KOCHEN
SONNENSCHEIN

Puzzle 33

```
W Y B B G P G T M K V U Q Z V
E G Q E O L E D B H Ö Q Ü W Ä
ß E Q G A A B A R E M A K O N
B Y X L E T R T F R M W M Q R
R K H E P Z O S Z E E C I ß E
E E S I F E C T Ä E M C V T T
I X R T L N H P S L Ä O H P I
T T A E Z V E U O E U W Q T E
E E H N W X N A W N T H Q F W
I R E G I T E H T Z Y P A A R
G N U R E M M Ä D A R M U T E
N E D I E H C S E B ß U R U Ü
K P T E E I G E T A R T S H U
D A F V C H E Q W G R N U R P
```

TIGER	EXTERNE
PONY	GAB
PLATZEN	BREITE
SET	STRATEGIE
UHR	ERWEITERN
BESCHEIDEN	PAAR
LEERE	BEGLEITEN
GEBROCHENE	DÄMMERUNG
ARMUT	KAMERA
HAUPTSTADT	RECHT

Puzzle 34

```
P  N  E  R  E  I  G  A  R  E  T  N  I  H  W
E  Y  D  N  E  H  C  S  I  L  A  R  O  M  C
R  Ä  B  W  P  G  W  S  U  C  H  E  D  O  R
S  A  A  N  X  Y  I  A  Ü  B  M  R  N  X  V
O  V  M  X  K  Y  F  E  ß  M  E  I  L  E
N  V  R  K  E  R  Z  E  R  C  Ü  P  K  R  M
B  A  U  E  R  N  H  O  F  U  H  E  L  E  P
J  X  W  ß  A  Ü  ß  K  U  I  N  E  D  S  L
A  J  H  S  H  L  ß  Ü  L  S  R  G  N  P  U
Q  M  Ö  Ö  T  D  R  Ö  Ö  U  M  N  A  E  N
V  E  R  D  R  Ä  N  G  E  N  G  A  T  K  S
B  A  S  E  B  A  L  L  Y  A  W  C  S  T  E
B  E  A  R  B  E  I  T  E  N  O  H  Y  J  R
Ä  Z  Z  E  N  T  R  A  L  E  N  T  Ä  J  N
```

PERSON	KERZE
MORALISCHEN	MEILE
BASEBALL	KIND
BAUERNHOF	BEARBEITEN
ZENTRALEN	REGIERUNG
KLUG	STAND
SUCHE	NACHT
WURM	VERDRÄNGEN
UNSER	RESPEKT
WASCHEN	INTERAGIEREN

Puzzle 35

```
D  A  M  J  H  K  P  J  L  Z  T  O  R  T  R
I  S  A  R  C  U  O  H  A  O  U  W  Q  G  U
E  O  C  N  I  P  A  ß  U  Ü  C  C  B  M  R
S  X  H  E  L  F  N  I  C  Ö  V  H  K  T  T
E  A  E  G  R  E  E  G  H  Ö  V  W  Y  T  I
S  X  N  N  E  R  I  R  S  P  R  A  C  H  E
Ö  R  B  U  U  R  D  A  D  I  Ö  A  W  S  H
M  A  N  T  E  L  U  K  T  E  I  R  N  T  N
Q  L  K  H  T  E  T  T  P  H  K  M  A  Ü  E
Q  Z  R  C  N  G  S  U  Z  C  I  R  L  C  G
Ü  Ä  Q  I  E  A  X  E  G  I  V  U  U  K  E
C  D  U  R  B  H  V  L  J  E  V  G  Q  G  L
ß  H  X  K  A  S  L  L  V  L  ß  I  A  V  E
H  F  W  A  Ä  Q  Ü  E  A  G  W  F  M  I  G
```

STUDIE	ZUCKTE
ARM	DIESES
MACHEN	MANTEL
ERDE	GURKE
STÜCK	AKTUELLE
TROTZ	ABENTEUERLICH
RICHTUNGEN	GLEICHE
SPRACH	FIGUR
KUPFER	GELEGENHEIT
HAGEL	LAUCH

Puzzle 36

```
F Z J A N S E R E N Ü Ü Ö F P
S L U I Ü F U J Ü I T D A R O
C Y E S H Z R R I S V Ä I A L
H Q L X C K K C W S W I F D I
A B L N I A C H T Z I G U I T
T D O E L B Y O B W O C N E I
Z K W G H U L D I E L K K R S
Ö W M I C E B E I L R J E S C
G U U E I Y P D A S S G L T H
I Z A N E M R A W A Ä C N I E
H C B Ä R E K C U Z O Z F F N
U N T E R S U C H U N G Ä T N
R S C H N E E F L O C K E A G
D Ö W A X N P O P U L Ä R E ß
```

COWBOY
FUNKELN
UNTERSUCHUNG
REICHLICH
ZUCKER
LIEBE
RUHIG
SCHNEEFLOCKE
NEIGEN
BAUMWOLLE

POPULÄRE
SCHATZ
KLEID
BERG
POLITISCHEN
WARMEN
ACHTZIG
DASS
FLEXIBLE
RADIERSTIFT

Puzzle 37

```
K H Ü Ö Q G H L N Ä L P M G C
A C I J I S O I U R R B H W B
S S M J L Ä P B L G S T X ß I
T R E F E I L E S V P D S X O
A I Ä H F Ö D L A M R O F E R
N H M S E ß N L ß S E T R A K
I J Ö V Y N G E L T C V K R A
E H S I T Z E N D A H L I T Y
N O S E L T E N Ö U E S R Ä V
A L E F F Ö L B N B N A S F F
Ö E K C E N H C S I M I C K V
W N ß R V I F P O G U S H F X
L A U F M N R P I E I O E H E
F L I E G T Q B Q N S N Z Z M
```

LAUF	BRIEF
SAISON	KASTANIEN
SEHEN	LIBELLE
LIEFERT	HIRSCH
SCHNECKE	SELTEN
REFORM	HOLEN
LÖFFEL	KARTE
KIRSCHE	SAß
SITZEND	FLIEGT
STAUBIGEN	SPRECHEN

Puzzle 38

```
Z Z L S I N G D E B A T T E D
E T B E I S E D R Ö H E B A Q
I R B R T E S T K C E D T N E
G E Ö U R Ä C ß N Y K N Ä Q F
E D M T A V H E Ä U C Z R W N
N E M S N A M M A N C H M A L
J N R C S H A S C H R A N K W
O E Z H F A C P O L I Z E I J
Y X D E E H K I J U R Y S R A
O Ö L E R U P Ö L N Z H R Q M
G W G O R H Y F S K Q G N A Ö
N A I A U N V E R T R A U E N
K O N S T R U K T Ö O I ß Y N
U N T E R S T Ü T Z E N W H C
```

SCHRANK
ZEIGEN
JEDER
TRANSFER
ENTDECKT
JURY
UNTERSTÜTZEN
UNTEN
HUHN
BEHÖRDE

SIEBTE
MANCHMAL
POLIZEI
DEBATTE
RUTSCHE
REDEN
WIRKLICH
VERTRAUEN
KONSTRUKT
GESCHMACK

Puzzle 39

```
V  Z  T  H  T  M  S  V  L  E  A  K  R  N  E
I  T  C  Q  U  L  J  Ö  K  P  J  Ö  N  K  N
E  W  M  S  M  X  B  G  H  Z  W  A  S  P  D
R  O  C  B  Ö  C  T  E  T  U  L  B  S  W  Y
T  R  O  D  D  T  Y  L  E  F  K  C  A  N  M
E  P  A  S  S  I  E  R  E  N  K  V  H  R  I
L  K  O  M  M  E  R  Z  I  E  L  L  E  E  O
B  N  E  H  C  S  I  F  I  Z  E  P  S  D  N
T  A  M  A  S  K  E  H  A  O  I  H  R  N  X
X  R  L  G  A  L  H  C  S  R  E  D  E  I  N
X  C  X  K  X  Z  Ä  Y  H  Y  B  B  O  H  Z
K  Ö  Y  M  O  E  C  H  T  E  N  E  Ä  R  O
O  N  E  G  I  N  E  J  E  I  D  O  B  E  Q
S  O  N  N  E  N  B  L  U  M  E  N  R  V  A
```

ENDYMION
PASSIEREN
SPEZIFISCHEN
BALKON
DIEJENIGEN
NIEDERSCHLAG
DORT
ECHTEN
KUH
HASS

FARBE
VÖGEL
BLUTET
VERHINDERN
HOBBY
SONNENBLUMEN-
WAS
KOMMERZIELLE
MASKE
VIERTEL

Puzzle 40

```
A T I B H T R A Z N R U C L T
H U E I N E K C O S K A J I A
S E F I B I A U S S E H E N U
E H R M C L E T I K F E B E S
L C K D E H Y Y L S L V E S E
T A D V E R Ü Y A C I A R S N
S R X L F G K P F H E C E A D
A P Y U S R E S R U G U I L F
M S Q K A A X P A H E A T R Ü
A U ß E R H A L B M N T S E ß
G Z B D Y M M A C S K E S V L
V E R Z W E I F E L T E M ß E
E O M X R C ß L A K G L I Ü R
A T T K T K N I E G F C R T Z
```

SELTSAM
BIT
VERLASSEN
SCHUH
TEICH
HERDE
TAUSENDFÜßLER
AUSSEHEN
SOCKEN
NIE

VERZWEIFELT
AUßERHALB
TEIL
KNIE
AUFMERKSAMKEIT
FLIEGEN
EVACUATE
SPRACHE
BEREITS
ZART

Puzzle 41

```
G M T D S U W S E V Y Ü Ü E M
S E R W O T U I B H H O B P M
O G R W H K Z L E Z E R F V Ü
Z E A I N C X B E V Ö R T M B
I M T R C I G E I A R Z T Ü I
A E K Ü L H M R N E G R O M R
L I E R G C T P D T M Z R Ö N
E N N R Q S Q E R P F H H M E
S S E W Z E Ö U U M Ö X Z Ü N
K A T X I G Ü Ö C F L U R D Z
Ä M E R U E H U K S W Ö K E W
S E E W Ü J D Ä E P O B H E E
E N M H Ö H E E N Q I E S E I
S O W O H L D L R J N A C H G
```

SOZIALES	EHER
MORGEN	KÄSE
WIEDER	SOWOHL
NEKTAR	GESCHICKT
ARZT	BIRNENZWEIG
MÜDE	ROT
HÖHE	BEEINDRUCKEN
SOHN	SILBER
FLUR	GEMEINSAMEN
NACH	GERICHTE

Puzzle 42

```
G E H A L T E N W T S R E V K
I T G V M L O L E R P E R O O
R M O A B A U E N A A K H R N
G R X J S A A ß Y I R O O W Z
N A D N E S U A T N B R L Ä E
U M R U O U U B A E R D U R N
H U U C D Y Ö A D R Ö V N T T
M M T C J Ä Ä Ü T M T F G S R
X S A L X S T S X ß C I Ü E A
V E R B R E I T E T H N P ß T
Ä G A G E G S Ü Q X E D N I E
S N P Z Q X T O E Q N Ü Y Ü A
X A E E S S E N F S O C K E J
Ö L R H M Ä E Q Ü A I I E ß M
```

TRAINER	SOCKE
SPARBRÖTCHEN	FÜßE
INDEX	KONZENTRAT
GEHALTEN	VERBREITET
ESSEN	VORWÄRTS
UMARMTE	ERHOLUNG
AUSSAGE	REPARATUR
LANGES	BAUEN
SOFA	TAUSEND
REKORD	HUNGRIG

Puzzle 43

```
R  N  B  B  B  D  C  X  Ä  D  ß  H  T  B  X
E  G  L  Ä  F  O  Ö  B  T  R  W  C  S  Ä  S
H  N  R  A  T  E  X  E  H  U  Z  I  V  I  L
C  U  T  M  ß  Ä  S  E  Z  P  Z  L  J  P  A
O  T  S  S  V  D  S  J  N  D  R  N  X  N  G
K  U  B  V  P  W  E  Y  U  A  D  N  ß  Ü  E
K  M  R  N  V  A  E  E  Z  T  ß  Ä  B  L  R
I  R  E  B  C  D  N  E  S  E  L  M  M  I  W
T  E  H  V  Q  O  U  N  S  C  H  M  A  L  E
S  V  Ä  L  A  S  T  S  E  K  A  M  E  L  D
A  Q  S  W  G  N  R  E  G  N  Ä  L  R  E  V
L  G  L  Ü  C  K  L  I  C  H  S  T  E  G  D
P  B  V  Z  T  P  O  S  I  T  I  V  E  Ü  C
E  N  G  L  I  S  C  H  L  B  E  Y  E  H  R
```

HERBST	KAMEL
ENTSPANNEN	MÄNNLICH
SEE	UPDATE
BOXEN	POSITIVE
SODA	HÜGEL
ENGLISCH	VERMUTUNG
VERLÄNGERN	RATE
SCHMALE	ZIVIL
PLASTIKKOCHER	GLÜCKLICHSTE
LESEN	REGAL

Puzzle 44

```
K  D  E  R  Z  E  I  T  I  F  Q  I  G  E  N
T  O  N  L  A  R  P  N  G  A  P  F  Ö  ß  Q
Ä  A  P  K  T  H  H  L  L  M  F  Q  B  P  I
A  Ä  U  F  N  I  H  C  S  I  T  N  E  D  I
M  O  Ü  C  I  Ü  T  C  S  L  Ü  W  V  K  F
B  A  Q  Q  H  G  A  T  T  I  M  H  C  A  N
A  W  N  R  F  E  G  Ü  Ü  E  P  P  U  S  H
C  E  S  A  H  O  N  ß  W  N  E  K  C  I  P
K  R  B  E  G  I  D  N  Ä  T  S  L  L  O  V
E  T  Ü  Q  Ü  E  B  U  C  H  X  B  G  ß  Ö
N  Z  E  D  D  D  R  X  Y  X  O  X  W  B  V
K  O  N  F  E  R  E  N  Z  N  A  L  G  P  Y
V  O  L  L  S  T  Ä  N  D  I  G  V  F  G  Ö
S  O  L  D  A  T  X  E  T  K  L  Ä  R  E  N
```

GLANZ
MANAGER
NACHMITTAG
DERZEIT
IHRE
KLÄREN
FAMILIEN
SUPPE
KONFERENZ
SOLDAT

WERT
IDENTISCH
VOLLSTÄNDIGE
TEXT
BUCH
KOPF
PICKEN
TAUCHEN
BACKEN
VOLLSTÄNDIG

Puzzle 45

```
G B T S N R E E L S R U ß T A
Ü G D M T E I L I S R E T E P
J B P L P S F R I E D L I C H
R O L L E S R W F H K G D E U
S V Ä A ß O O E R B S P O R T
C J D H H U S L A Q M T X R I
H M A U ß R A T G Y E V A L E
L T ß C D C E W E C I T V G C
A R X U K E V N N U N T T R L
G K T W Q E Q Y N M U A T A H
E W A C H S T U M I N U N D H
N E T M H Ü R E B G G U H X V
O B E R F L Ä C H E H Q L F U
P R O B L E M E Z K Q N A W G
```

WACHSTUM	FRIEDLICH
INNERHALB	SCHLAGEN
WELT	ROSA
MEINUNG	ROLLE
PROBLEME	LEER
SPORT	BERÜHMTEN
TAU	PETERSILIE
RESSOURCE	OBERFLÄCHE
JACKE	FRAGEN
HATTE	GRAD

Puzzle 46

```
G N A L T N E T K E F F E B T
R O V J V M K F H R B M D R V
Ö E P L E C R L Z F E A A I D
ß Ö H U K S O H F O I M L L Ö
E X D V P N T C M L T J B L J
T F P V M P K I S G R B U E R
U T H C B X E L H V E E H E E
E U L K L M R T C X T R C D I
H C G M C Ö I S A W E E S E T
T Ä J W T P D G D N N I C L E
B E R I C H T N K O T T S N
Z H U C O G Z Ä C T H E Ä T W
T A T S Ä C H L I C H N J E P
Y U Ü L H G O D Ä C I I E N W
```

OHNE	SCHUBLADE
GRÖßE	TANTE
ENTLANG	ERFOLG
EDELSTEN	REITEN
BEREIT	TATSÄCHLICH
BERICHT	VOR
HEUTE	DACHS
PUPPE	BRILLE
DIREKTOR	EFFEKT
ÄNGSTLICH	BEITRETEN

Puzzle 47

```
V E R B R A N N T E Y B U J Ö
K S Z T Z L A S O W H A Z T Ö
M O S T A T T C T E L E F O N
X V N I Z L Ü H N E G E I W C
Z X M T N T I U A Q T J E L Ö
S Q R B O K E S S C O I E X Y
Q U R J E I W S E Ü N T E W A
T R A N S P A R E N T Y U S N
M L I N K S E R I N N E R T E
L A E H C S I R Ä T I L I M M
P F A D C E V T O M A T E N O
G X J Ü O I X I Ä G U R H A N
S P A P A N W T E F Ö C R W E
L O K A L E N G ß H E N C Y E
```

KONTO	STATT
WIEGEN	TRANSPARENT
SEITE	SCHUSS
TOMATEN	SEIN
SALZ	ERINNERT
TELEFON	MILITÄRISCHE
LINKS	PAPA
LOKALEN	VERBRANNT
ANEMONE	PFAD
VIEH	NASE

Puzzle 48

```
I  N  F  O  R  M  A  T  I  O  N  E  N  E  S
L  I  E  B  E  N  E  H  Z  Z  J  D  E  C  P
E  W  B  H  N  L  L  U  I  U  E  R  M  K  I
M  P  Ü  U  I  W  O  R  M  Z  Ö  Ü  M  E  T
M  W  R  R  V  Ä  Ä  H  T  H  L  W  A  ß  Z
I  H  Ü  R  S  O  F  T  N  B  W  Z  S  C  M
H  Z  D  ß  Q  G  R  Ü  A  F  W  N  U  J  A
K  R  A  N  K  E  N  H  A  U  S  E  Z  I  U
Z  T  H  C  H  X  A  Y  F  M  H  H  I  Y  S
X  K  L  T  W  Ü  T  P  K  Ü  H  C  P  D  V
Ö  Q  M  E  C  O  F  U  C  N  H  A  M  L  E
A  N  G  E  L  N  M  N  U  H  R  R  S  E  A
A  K  Z  E  P  T  I  E  R  E  N  D  E  F  Q
U  Ä  X  I  V  Ö  G  P  D  A  N  V  Ä  R  G
```

ANGELN	ZIMT
RÜBE	RUHT
KRANKENHAUS	ZUSAMMEN
WÜRDE	INFORMATIONEN
LOHN	LIEBEN
HIMMEL	DRUCK
SPITZMAUS	FÜHRER
FELD	ECKE
WEIDE	AKZEPTIEREN
DRACHEN	SOFT

Puzzle 49

```
J G A N Z E B Z T E S E G Z G
A K M F R U P X Ö T M M O K E
H C D D C A N O H A D V Z F S
R A T N E M E L E B Ö Ä K T E
H Ä Q E ß R E Ä U L W A H L L
U T A T A L H Ö C I X M S N L
N G I Ü R M H A Ü E F O C U S
D J E W T V U I J R C T H T C
E J D P S Y L M P E Q O L Z H
R U Ä V R P E A I N W R E E A
T Y Ä S E Ü Ä M O E A R C N F
B R Ü C K E F ß E Ö R A H R T
K Ä N G U R U T A X U D T P B
H E I ß E R Ä A M M M K P U Ä
```

WAHL	SCHLECHT
GESELLSCHAFT	WARUM
BRÜCKE	WÜTEND
GANZE	NUTZEN
GESETZ	GEPRÜFT
JAHRE	MUMIE
JAHRHUNDERT	HEIßER
ETABLIEREN	KOMMT
ELEMENTAR	MOTORRAD
STRAßE	KÄNGURU

Puzzle 50

```
A  Y  H  Ä  U  F  I  G  E  M  T  Q  I  L  V
K  N  E  B  E  G  S  N  X  F  F  M  I  N  E
A  V  E  R  K  Ä  U  F  E  R  Q  Z  T  L  Ö
D  K  I  G  N  U  G  I  D  I  E  T  R  E  V
E  Ü  R  B  N  K  M  O  L  L  S  H  U  T  J
M  H  E  T  L  I  N  J  F  ß  U  C  B  H  Ü
I  L  L  ß  S  E  R  A  A  Ä  A  A  E  C  R
S  Q  L  A  T  U  I  B  P  J  H  R  G  A  ß
C  I  E  L  H  V  K  S  V  P  G  B  O  W  R
H  N  S  K  C  T  N  Ä  T  Q  L  E  I  P  N
E  X  Y  D  I  D  U  M  M  I  M  G  I  L  L
T  R  A  N  S  P  O  R  T  B  F  P  Q  Q  U
Q  Y  ß  T  E  X  T  U  K  B  ß  T  A  R  R
O  F  M  S  G  U  E  Z  G  U  L  F  J  K  F
```

BLEISTIFT	VERKÄUFER
VERTEIDIGUNG	SELLERIE
GEBRACHT	MINE
DUMM	TRANSPORT
FLUGZEUG	MOLL
AKADEMISCHE	HÄUFIGEM
KNAPP	GEBURT
BRINGEN	GEBEN
KÜHL	GESICHT
HAUSE	WACHTEL

Puzzle 51

```
C N R N E S S A F M U Z E B O
F I S C H E H Z B U E P E R D
S N V P X Z A Z S A N D T G H
N F N F C N L I C R E M I N P
U Q B L Z A L P R T G Z M U M
Y M U I S T E B O M I U O K M
L I N C R Ä T E R K E S K C A
K T T H N G S L A K M Ö I E R
J C A T W L K L P F J Ö Ö D G
U P E S X X E E C W B Q B B O
L N Y I C F ß W D Z Z Z V A R
P A U S E H S T R U K T U R P
Ü R Ä O H R E D V O R T E I L
ß C K E C E D A N S A N L F A
```

VORTEIL	KOMITEE
TRAUM	WELLE
PAUSE	ABDECKUNG
UMFASSEN	PFLICHT
TANZES	EIGENE
BUNT	PROGRAMM
HALLE	FISCH
TASCHE	PIZZA
DREIECK	SEKRETÄR
STRUKTUR	MEDIUM

Puzzle 52

```
F T U G V E R G L E I C H E N
A R N R E D R O F R E N N O S
N K T L E S U Ä R K E G J Z P
G T E U L D E O R Ä Q O T T A
E H R E F Ä K N E I R A M E R
N B E C H E R B L I C K O P T
H A M M E R Ü C F M Ö Ö K P E
J E O Ü A Q I J A L P M V I I
Z T Ä T I V I T K A W N H C E
G X L T E I L N E H M E N H N
E R L A U B N I S H C U W E X
Y L V N W M B E W E I S E O H
B E B Q I N E H C I E R R E Z
L K B I ß N A C E V B Y C L O
```

PARTEIEN   GEKRÄUSELT
ERFORDERN   SONNE
TEILNEHMEN   BLICK
FANGEN   TEPPICH
MARIENKÄFER   AKTIVITÄT
UNTER   BECHER
BEWEISE   ERREICHEN
HAMMER   ERLAUBNIS
GUT   ANWALT
WUCHS   VERGLEICHEN

Puzzle 53

```
T  R  X  M  H  L  K  L  X  P  V  N  D  N  M
R  Ü  H  L  I  H  C  I  L  R  H  Ä  F  E  G
A  E  D  C  L  O  O  Ö  M  I  H  K  B  T  G
D  H  M  E  F  S  L  C  H  V  A  U  U  N  A
I  S  N  A  E  C  B  F  P  A  H  C  N  A  S
T  C  L  J  S  D  O  R  F  T  N  H  D  F  Ä
I  G  A  N  S  N  L  I  H  E  D  E  E  P
O  ß  U  Ü  ß  Q  I  I  X  N  N  N  S  L  Ä
N  A  Z  N  O  J  N  E  F  A  R  T  S  E  B
E  B  U  Y  F  F  O  R  T  S  E  T  Z  E  N
L  R  B  G  T  R  E  I  B  R  O  S  B  A  S
L  S  C  H  A  U  S  P  I  E  L  E  R  G  P
E  T  S  Ü  W  E  H  R  G  E  I  Z  E  O  T
W  V  Ö  D  R  S  T  R  U  M  P  F  B  P  E
```

EINSAMER	STRUMPF
GEFÄHRLICH	ELEFANTEN
PRIVATEN	BUNDES
EHRGEIZ	FORTSETZEN
HAHN	TRADITIONELLE
WÜSTE	DORF
KUCHEN	OFT
SCHAUSPIELER	GANS
ABSORBIERT	BLOCK
BESTRAFEN	HILFE

Puzzle 54

```
P V X P R O F E S S O R A L S
L V Ä S D G Z R W Z I F T R Ü
M H M Ü J Ö L E I V K O M X ß
L K V P F Q ß I H Y R N E Ü I
K N B Ö Y P N T J I M D N X G
J Z K A L T M P P V G S W M K
I B X Z E B R A I Ö Q B F O E
E S I N N L O S D L Ä N G E I
R S K A T A S T R O P H E A T
E V S U R S A C H E H D T T E
L E G E I S K V M K A J Y O N
A O Ö L N M J L Ä Q ß F X M K
M G E F U N D E N S ß H F B X
H E R R E I P A P I D P W E W
```

SÜßIGKEITEN	GEFUNDEN
URSACHE	FONDS
AFFE	PAPIER
VIEL	KATASTROPHE
HERR	ZEBRA
SINNLOS	SIEGEL
LÄNGE	PROFESSOR
ESSEN	MALEREI
ATMEN	TIERE
ATOM	DAMPF

Puzzle 55

```
G H P K H B N H N W A A C F I
D E ß I C W R Ä A M U L Z E Ö
C R B Q S H M D T U F A Q U C
Ü Z R U I T P A I E S R X C A
H E X E R C O X O J C M A H B
V R D G E M U L N ß H S H T G
V D G S N I E B E ß U X G I E
A O Q G G V W Ü P K B H E G D
A L K H E A U S N A H M E K E
T Ü L A R U A G L Ü H E N E C
Z L Ü E B Ü K U C K X G U I K
S ß Ü F N E T E I B Z S Z T T
R S Ä G E R L E D N A H T N N
A N A L Y S E N E K N I R T G
```

AKT	REGNERISCH
PISTOLE	BIETEN
SÄGE	AUFSCHUB
HERZ	NATION
HEXE	ALLE
TRINKEN	ABGEDECKT
FEUCHTIGKEIT	HANDEL
GLÜHEN	AUSNAHME
BEIN	VOKABELN
ALARM	ANALYSE

Puzzle 56

```
W I X N W Ü S V M M O N U E N
G Ä N X Y A P P R E Ä A N N L
N I S J M K I N H C E T Ä Ö E
U D A C R V E M U L B I H H I
G N Ü V H L G G C Ä D O N C S
I E G L N E E F L Ä Z N L S T
D D N U R G L J V I S A I T E
A N S T R E N G U N G L C E N
N E R E F F E F P P N D H B F
G F T G M N L N P Z U E J M R
E U I D B R A U D F L S B G O
B A D H H U ß S Q F L I N M Ä
U L H Ü F E G T I M Ü G J K L
G L Ä N Z E N D E R F N Ü S E
```

ANSTRENGUNG
GRUND
FÜLLUNG
GLÄNZENDER
LEISTEN
PFEFFER
BEGNADIGUNG
SANFT
NEUN
SCHÖNE

UNÄHNLICH
LAUFENDEN
MITGEFÜHL
DESIGN
NATIONAL
TECHNIK
FEIND
BLUME
SPIEGEL
WÄSCHE

Puzzle 57

```
H E S Ü M E G E F U P A P H M
E A K O O B E T O N L T K Ü U
R M R C A L R L X E T T N B L
K E X T E A E E G M X R Ü S T
L S C K W Q I T C M ß A R C I
Ä S F S Ä L Z T K O G K E H P
R U W A Ü O T Ü O K N T T E L
E N I H S P I H C M U I S R I
N G Y R J E P C W U H V E E K
R E L S B Ä Q S F A C J W F A
K R I T I S C H E O S A H A T
O F F E N B A R E N R G C B I
F O W E B S I T E N O D S M O
F S J I R I S Q Q P F S Q Y N
```

ATTRAKTIV
CHIPS
UMKOMMEN
JAGD
FORSCHUNG
NOTEBOOK
OFFENBAREN
MESSUNG
SCHÜTTELTE
MULTIPLIKATION

ERKLÄREN
HÜBSCHERE
GEREIZT
HART
WEBSITE
GEMÜSE
SCHWESTER
FEIN
IRIS
KRITISCHE

Puzzle 58

```
S K A S ß D N E F L E H S U K
L C A U G Q X D A R R H A F V
I Ü H R S Y D S K N N X J T O
A H C L R W N E T U N I M B G
T C H K I I N O I T P O L E
K O H L E E E R R Q R A S O L
C W Y F S N ß R K M W J E ß S
O T C F O R C L E U K V C E C
C T X G Q E X E I N N R H R H
C I F V N T Z B E C T G S A E
H M G G E S Z E K Ä H Z T T U
S O F O R T L I S U U J E W C
G N U L K C I W T N E P P L H
S C H W E R E Z J E M A N D E
```

STERNE

MINUTEN

AUSWIRKUNG

SCHLIEßLICH

BLOßER

JEMAND

SECHSTE

SOFORT

ENTWICKLUNG

HELFEND

VOGELSCHEUCHE

FAHRRAD

KARRIERE

MITTWOCH

KOHLE

COCKTAIL

FAKTOR

ZWIEBEL

OPTION

SCHWERE

Puzzle 59

```
W O A T P S S I B L O E G H A
C A Z ß T R E D N U H S E A V
Ö Y S R K B Ü L F Z F E B L A
V V A S Q T E F T P Ü L Ä T H
N R F A E A L S U S N N U E C
I I P N V R M H K N A K D N I
Z I ß N E D M C C Ä G M E S L
A U F E R L J E I A Z T S Y T
G U H H L Q Z S L J N Ü B T N
A Y X M U K K Ä B O E C Z F E
M Ö L E S Q L D N P N E A I S
Z T B N T R E H A G N E I G E
L E I C H T A T H L E T I K W
D I S K U T I E R E N Z Q Ä G
```

DISKUTIEREN	HALTEN
WESENTLICH	ALS
GEBÄUDE	AUF
PRÜFUNG	BISS
ESEL	NENNEN
SELTSAMSTE	VERLUST
LEICHTATHLETIK	GIFT
WASSERMELONE	MAGAZIN
HUNDERT	ANBLICK
ANNEHMEN	SECHS

Puzzle 60

```
B E R L N L I M Z E F X G ß N
B O R Ü T Ö O ß Z B R Ö ß Y G
R K H R E N G E G E A M Y P M
I I T N E D U T S N K Y Ü R C
C S Q E E I B H Ä E T L A K B
H I E G S A C C P N U C I V P
T R P N N Ö T H C I R H C A N
I X T I J V N E T N N A K E B
G J L S S C H Ä R F E R V S W
G L Ü C K L I C H W H T W C Ä
S P I E L E R I S C H M G H U
S C S P E I C H E R N A R W N
Z S W Y T T A T S A C H E A I
W O C H E N E N D E W M L N W
```

GLÜCKLICH	WOCHENENDE
BOHNE	EBENEN
RICHTIG	TATSACHE
KALT	GEGNER
SCHÄRFER	NACHRICHT
SPEICHERN	FRAKTUR
TÜR	STUDENT
ERREICHT	SCHWAN
BEKANNTEN	SPIELERISCH
RISIKO	SINGEN

Puzzle 61

```
S C H Ü T Z E N G Ü R H J K Q
R E G E N B O G E N M Y N O Ö
Y Q U R D F U Y Ü V Ö V E M D
B S G I R U A R T R F Ö P F Q
W T L I P P E U ß M W Z I O U
O H F W A R E N L W X R L R E
X C A A R E H C I E P S L T L
H E K X H U B G D O N Ä E C L
A R G O Ä C B E N I B A K ß E
L N E S T H S V W J U Ü U L S
L L A F R O V R P E ß P P V E
O Ä A Y Ü Y U L R W G U O Y I
N A C H R I C H T E N E D K D
A B S T I M M U N G H Ä N P B
```

KABINE	SPEICHER
KOMFORT	REGENBOGEN
SCHÜTZEN	VORFALL
ABSTIMMUNG	RECHTS
HALLO	PILLE
QUELLE	FAULEN
LIPPE	WAREN
NACHRICHTEN	TRAURIG
DIESE	HERRSCHAFT
BEWEGEN	NEST

Puzzle 62

```
R E V W Ü B E R R A S C H T X
A H Z K U E I L T E N S N W Ä
K W A M L N ß R P R E K Y V G
E X U Y N C D N J R R D Ä O I
T Q T Ö C N E D N A H R O V G
E S O B Ä U M E Z T Ü E A X A
B T E E K A N N E S F T V H N
E E H L E Ä F O H D U U O L T
I K S I B I O C G F Z P Z Ä I
R X M I Q P L F Y R N M K A S
T X R O T U A I V U I O ß N C
N G C V D Z Ü J G V E C O F H
A C Y Y Y N E R E I G A E R E
S T A A T T I N E K C Ü R I N
```

STARRE

COMPUTER

ANTRIEB

AUTO

BÄUME

GIGANTISCHEN

BIS

BESITZEN

TEEKANNE

EINZUFÜHREN

ÜBERRASCHT

EILTE

EILIG

RÜCKEN

REAGIEREN

VORHANDEN

STAAT

WUND

RAKETE

AUTOR

Puzzle 63

```
T  L  X  V  Ä  B  P  B  Z  K  X  V  J  U  U
P  U  N  K  T  Z  A  H  L  B  I  H  M  F  N
Ü  B  E  R  R  A  S  C  H  U  N  G  I  E  T
E  T  T  O  M  A  Ü  K  I  Ü  O  ß  T  R  E
B  R  R  N  E  O  C  J  W  B  M  T  N  N  R
I  E  F  X  N  Y  P  L  G  E  O  T  A  O  S
T  U  L  A  H  C  I  W  D  N  A  S  H  I  T
T  E  T  E  H  K  O  S  T  E  N  Ö  M  T  Ü
E  T  ß  Ä  B  R  I  E  U  B  U  L  E  K  T
G  O  S  Z  W  E  U  J  H  Y  K  X  N  I  Z
L  A  M  P  E  R  N  N  S  C  H  L  A  F  U
Q  U  G  M  H  Z  B  E  G  I  R  Z  D  K  N
H  U  B  S  C  H  R  A  U  B  E  R  M  W  G
Ä  M  Ü  B  E  R  P  R  Ü  F  E  N  F  H  I
```

FIKTION	ÜBERRASCHUNG
ÜBEN	MITNAHMEN
HUBSCHRAUBER	BITTE
HUT	PUNKTZAHL
KOSTEN	SANDWICH
UFER	SCHLAF
MOTTE	LAMPE
ERFAHRUNG	LÖST
TEUER	ÜBERPRÜFEN
LEBEN	UNTERSTÜTZUNG

Puzzle 64

```
T Q B R Q E O L H C U S R E V
N H N E G I T F Ä H C S E B I
N P E K N A R H C S L H Ü K E
A F G R S A L A T F E G G ß R
N L A A M P R Ä S I D E N T Z
E E L T Z I G E S C H E N K I
G G H S T E S S O L L T E W G
F E C L N E H C E R P S R O V
S N S A G S G Y H Z L B N Ä I
V S R C R L O P Ü E G E L F P
B W O H C I L T N E D R O E Z
Q W V E Ä R E A K T I O N Q G
E G Ö N I N V E S T I T I O N
E V W Z H D P C ß ß Ä J R Q ß
```

VIERZIG
BESCHÄFTIGEN
PRÄSIDENT
PFLEGE
REAKTION
THERMISCHE
PFLEGEN
GELB
SALAT
VORSPRECHEN

LACHEN
KÜHLSCHRANK
GESCHENK
INVESTITION
STARKER
VERSUCH
GENANNT
ORDENTLICH
VORSCHLAGEN
SOLLTE

Puzzle 65

```
P  Ä  H  ß  V  C  T  P  T  Y  Z  N  J  J  U
S  E  T  R  B  Z  R  M  F  G  U  I  X  L  M
T  M  R  E  N  I  E  K  Ü  U  Y  X  E  E  W
Ö  R  A  I  O  R  Ü  A  N  D  N  N  N  Z  E
R  O  T  B  O  F  Ä  M  X  J  X  D  O  N  L
U  N  S  J  P  D  K  O  N  T  A  K  T  I  T
N  E  V  G  Ö  R  E  M  H  E  N  L  I  E  T
G  F  E  U  E  R  W  E  H  R  M  A  N  N  N
J  Ö  Ö  A  K  O  O  P  E  R  I  E  R  E  N
P  R  O  F  E  S  S  I  O  N  E  L  L  E  E
M  E  C  H  A  N  I  K  E  R  B  J  L  L  X
F  O  R  T  S  C  H  R  I  T  T  O  Ü  O  Ü
T  H  E  R  M  O  M  E  T  E  R  Ü  K  U  Z
D  B  E  G  L  E  I  T  E  R  K  Q  C  R  I
```

ENORME	PFUND
THERMOMETER	KEINER
FEUERWEHRMANN	MECHANIKER
UMWELT	BIER
FORTSCHRITT	ZOLL
KOOPERIEREN	EINZEL
OMA	TEILNEHMER
PROFESSIONELLE	START
STÖRUNG	KONTAKT
BEGLEITER	PERIODE

Puzzle 66

```
R D Q B C F E S B E V E H M A
W ß Ü Ä S T I T R I E C I X L
Y M W V C H F A U N R P S N L
A K T I O N R N S S A A I I E
P K ß S ß R I D T C N E T E G
V Z R T Ä E G Ä T H T R Z W O
H E E A O I A S O L W E P S V
G L ß N W S J O N I O I R G B
A E U W T A I Y E E R G O K L
Y N A G J R T Ü ß T N D A V
Ö D W A L D U T N L L I U F M
S P I E L E R M E I I S K Ü Q
D U Ä Ö F Ö Z G D C C A T Ü B
G E H O R C H E N H H S N ß E
```

WALD   GEHORCHEN
WEIN   EIFRIG
VERANTWORTLICH   ZENTRUM
BRUSTTON   SPIELER
DENKEN   SITZPRODUKT
EREIGNIS   KRAWATTE
AKTION   REIS
EINSCHLIEßLICH   STAND
AUßER   VOGEL
EINE   ELEND

Puzzle 67

```
V E R F Ü G B A R D A R V W F
L M F M P I O H M Z N H A Z J
T T N G E Z O G E N K Ö K F P
I R N Y O T C A P M O C B U S
E O A M O T O R Ü Ö M S G R A
H W M G V O V S O U M P A Y U
R T E O B V H U Y R E I N K S
H N E J A A L T U F N N Z A S
E A N H K T R M A U S A E P P
M D H F H P N E D E J T N I R
X G C Ä N Ü S U R A K W Q T A
N Y S F Ä U S T L I N G E E C
R E G U L I E R U N G U J L H
W E R K Z E U G Ä L A B L G E
```

KAPITEL	GEZOGEN
WERKZEUG	FÄUSTLINGE
SCHNEEMANN	TRAGBARER
JEDEN	SUBCOMPACT
RAD	VERFÜGBAR
MOTOR	ANKOMMEN
GANZEN	ANTWORT
ZAHN	AUSSPRACHE
MAUS	MEHRHEIT
SPINAT	REGULIERUNG

Puzzle 68

```
O W E Ö E F S V B H Ä V O F G
P O E Y W J Ö Ä Ä O A H Y D A
E L N M Y K W A R R B C P W S
R L T N E M O M E D P I K C T
S T E E R Z H ß N N D L I E G
Ö E O H M E Ä B S U A R E H E
N K X C S W N C U N J H P C B
L B H S C E F N D G F Ä W S E
I M Q I Z I N R E A W J P I R
C I ß M P Z Ö K K N Ü K L S D
H C I E R E B W H C R U D Y Ö
E V J G U N R Q J L Z N N H D
A B S T E I G E N P G D A P Y
W I L L K O M M E N Q E B K M
```

ENTE	BÄREN
MISCHEN	BAND
ABSTEIGEN	ORDNUNG
DURCH	KUNDE
HERAUS	RENNEN
HACKE	WILLKOMMEN
WOLLTE	PHYSISCH
JÄHRLICH	BEREICH
PERSÖNLICHE	MOMENT
GASTGEBER	WEIZEN

Puzzle 69

```
T  H  N  E  D  C  H  S  F  I  L  A  R  E  G
I  E  K  A  J  Ö  Ü  T  E  N  I  J  A  X  S
S  G  C  D  Z  L  X  A  S  D  E  W  D  P  S
C  I  O  H  G  E  W  T  T  U  B  E  I  E  I
H  L  R  K  N  K  T  I  E  S  L  I  O  D  W
A  L  S  U  U  O  Ö  O  P  T  I  B  S  I  J
U  I  T  Q  T  X  L  N  R  R  N  L  H  T  H
K  B  V  G  H  J  H  O  C  I  G  I  A  I  A
E  H  X  G  C  H  E  N  G  E  S  C  M  O  U
L  E  H  C  I  L  F  Ö  H  I  J  H  P  N  T
M  Z  G  ß  R  E  R  H  A  F  E  E  O  V  U
Q  U  A  L  I  F  I  Z  I  E  R  T  O  N  I
M  U  T  I  G  E  A  J  E  W  Ü  K  G  K  M
ß  Q  Y  H  T  A  H  N  H  T  T  ß  Z  I  Ä
```

FESTE	INDUSTRIE
HÖFLICHE	SHAMPOO
RADIO	TECHNOLOGIE
HAUT	MUTIGE
QUALIFIZIERT	LIEBLINGS
EXPEDITION	BILLIGE
WEG	RICHTUNG
FEHL	WEIBLICHE
FAHRER	ROCK
STATION	SCHAUKEL

Puzzle 70

```
M  Ö  D  J  D  G  R  E  I  Z  I  F  F  O  K
N  E  K  C  I  D  I  Z  N  F  L  J  R  M  E
Q  S  D  T  H  J  M  R  H  O  T  F  E  V  S
S  U  I  I  T  J  T  H  A  K  W  A  U  J  S
Q  T  A  K  Z  F  E  E  D  F  B  S  N  O  E
W  D  F  D  A  I  D  M  X  G  F  T  D  C  L
E  M  P  ß  R  V  N  T  I  E  F  E  E  N  Q
R  I  Q  E  Ü  A  U  I  M  O  D  E  L  L  ß
T  G  Ä  O  K  Q  T  N  S  J  Y  G  ß  F  U
V  C  C  H  A  L  S  Ö  F  C  P  I  P  B  S
G  N  I  L  R  E  T  T  E  M  H  C  S  P  O
C  U  J  S  N  O  I  T  K  A  R  E  T  N  I
J  O  H  A  N  N  I  S  B  E  E  R  E  H  Q
K  O  N  F  L  I  K  T  A  B  E  R  D  I  E
```

GIRAFFE	SCHMETTERLING
MEHR	DIE
WERT	ABER
STUNDE	OFFIZIER
JOHANNISBEERE	KONFLIKT
OHR	FAST
KESSEL	MODELL
TIEF	INTERAKTION
QUADRAT	MEDIZINISCHE
DICKE	FREUNDE

Puzzle 71

```
V E R T R A G X K W G N M N O
L C D L L U N X N O I S R E V
H E D A N O M I L K E T A G Ü
S T U N D E N E G F ß U S I A
B Ü A O B M E G R U E C S L N
S Q Z I S N M U M L N H O L N
T U Q T X E M N B M A Ü L I I
I O Ü O P Z I Ä I M M U G W M
M P Ü M L L W D Ä V J O B I M
M K R E I E H B I U F F M E T
E ß ß I ß M C U H G W T Z R N
U V F P R H S U H U J D P F B
V O R S I C H T I G F I Ö P M
Z U V E R S I C H T L I C H K
```

HUF	SCHMELZEN
SEIDIG	ZUVERSICHTLICH
FREIWILLIGEN	GIEßEN
VERTRAG	SCHWIMMEN
NULL	LIMONADE
ERLAUBEN	VERSION
STUNDEN	ANNIMMT
GUMMI	STIMME
GLOSSAR	TUCH
VORSICHTIG	EMOTIONAL

Puzzle 72

```
K  K  Ä  I  C  N  H  Ö  H  L  E  N  N  G  X
O  T  O  F  F  A  A  N  Z  A  H  L  Ä  R  F
N  X  R  E  T  S  N  O  M  F  C  Q  H  Ö  R
S  R  Ü  ß  T  H  X  S     S  F  I  E  ß  E
T  Ü  V  R  R  O  I  M  N  T  H  R  R  T  I
A  ß  Ü  T  I  R  P  T  I  X  Q  U  N  E  H
N  N  E  J  W  N  K  J  E  H  C  A  L  F  E
T  A  D  I  D  N  A  K  D  R  N  J  Z  C  I
B  S  J  B  N  A  Ä  E  R  W  E  W  U  C  T
J  A  S  O  A  E  W  I  I  G  C  I  C  C  A
P  J  S  Ä  L  D  G  L  G  E  R  J  F  D  F
B  R  O  K  K  O  L  I  E  L  R  I  Z  E  Ü
S  C  H  W  A  C  H  P  R  C  M  P  F  Ü  N
W  I  N  T  E  R  O  C  Q  H  U  W  T  F  Y
```

HÖHLE	NASHORN
LANDWIRT	GRÖßTE
NÄHERN	MONSTER
BROKKOLI	ANZAHL
KANDIDAT	FOTO
FREIHEIT	WINTER
GENIEßT	REIFEN
KONSTANT	GRIFF
NIEDRIGER	SCHWACH
FLACHE	ELCH

Puzzle 73

```
W N P V S A T Z X S C H U L E
R O S N E H C E R P S R E V W
Ä Z C Q X R Z Ö U N L Z V B O
E R E H C S H G X X I A O I L
H E G H E F W A Ö E N U L V L
H T I E V ß D Z N E I N U Q E
Z I T F R U Ä X F D E A M U P
X E S R L N F N ß N E A E B S
C B N S A C H E N A A L N S U
M R Ü M M H Ö F W H V I N Y R
G A G N U D N I B R E V V D H
F Ä O E I N I G E K I N D E R
O R G A N I S I E R E N D N R
E I N Z U F A L L E N H B L Z
```

EINIGE	LINIE
EINZUFALLEN	ZAUN
WOLLE	VERBINDUNG
KINDER	VERSPRECHEN
VOLUMEN	VERHANDELN
SACHEN	SCHERE
ORGANISIEREN	GÜNSTIG
HAND	SCHULE
SATZ	ARBEITER
ÄRGERN	WOCHE

Puzzle 74

```
H  ß  C  F  R  V  E  R  H  A  F  T  U  N  G
X  O  P  P  A  S  C  H  Ä  T  Z  U  N  G  E
G  N  S  K  B  L  L  A  B  T  E  K  S  A  B
E  Y  A  E  X  W  L  P  I  L  Z  ß  S  V  D
W  C  R  J  N  E  X  E  G  A  T  N  O  M  T
I  Z  G  N  O  I  T  K  N  U  F  L  B  S  S
N  E  I  W  G  K  D  B  E  H  W  A  X  ß  K
N  V  G  E  E  L  L  E  Z  T  L  D  T  L  ß
I  D  E  E  G  L  A  I  N  S  Ö  U  G  O  J
P  Ä  A  H  Q  E  L  C  A  D  J  N  M  G  J
O  S  F  T  G  Ü  Ö  H  L  Ä  T  G  A  O  X
R  A  S  E  N  K  J  T  F  Q  P  S  C  U  E
Ä  Ä  R  X  E  X  U  E  P  C  C  L  H  C  N
S  C  H  R  E  I  B  T  I  S  C  H  T  D  H
```

BAR	BEICHTE
VERHAFTUNG	MACHT
FALLEN	IDEE
RASEN	FUNKTION
GEWINN	HOSEN
SCHÄTZUNG	ZELLE
ZIEGE	BASKETBALL
PFLANZEN	PILZ
SCHREIBTISCH	LADUNG
MONTAGE	GRAS

Puzzle 75

```
U U Q F Y S M E R J W W B W E
N H Ä R S C Ü I Z F B B K Ü R
T C G Ö C H R A T F U L Y R G
E I C H H W M K J T W U I S E
R L Ü L R E N T I X L X M T B
E T Q I E I S V Ü Ö K E C E N
N N A C I N G I P F E L R N I
P E P H B Z I E H E N A C E S
K F V E R S C H W I N D E N R
Ü F L S C H L E C H T E S T E
K Ö I A W D S I L O S E C Ä L
E E H Ä U E I N R E I C H E N
N P M E C M B L Ä T T E R L I
X Ö T E H N E H I E R B Ö S L
```

KÜKEN	ZIEHEN
SCHREIB	EINREICHEN
FRÖHLICH	IHM
ÖFFENTLICH	UNTEREN
LUFT	PFLAUME
GIPFEL	MITTLERER
ERGEBNIS	LOSE
VERSCHWINDEN	SCHLECHTESTE
WÜRSTEN	HIER
BLÄTTER	SCHWEIN

Puzzle 76

```
H P K H S F Ü J Ü K M I X M V
C Q E A Ä B E R E C H N E N O
S S C H R E C K L I C H K F R
I N T E R E S S A N T J A I S
T A C G G A T S N E I D U Y T
I Q Y I Z A Y I Ö M S U F T E
L S Ü H Z L R C H H Y E H A L
O E H Ä R K W F C E Z X H Ä L
P Ä B F F I H C S N D Ü V T E
S Ü D L I C H E N B R A C H N
W I E A E W I R T S C H A F T
T J G H A U S T I E R E U P H
B E A B S I C H T I G E N J M
Q U F A Ä D R U F Y Ö K F T V
```

POLITISCH
KRÄHE
WIRTSCHAFT
SCHÖN
DIENSTAG
BEABSICHTIGEN
BRACH
INTERESSANT
HAUSTIERE
THESE

NEHMEN
SÜDLICHEN
KAUF
SCHRECKLICH
FÄHIGE
VORSTELLEN
FRAGE
SCHIFF
WIE
BERECHNEN

Puzzle 77

```
N A C C ß T S T I M M E N Q S
E H M H E H E M A L I G E S P
H W E A Ä C H V E R D A U T I
E F C R S I C N L E T Y B F E
I ß Q A P N I T N V S O K A L
Z J G K I S L I D L C Z J H W
K F Ä T N ß N H T U E Ü Q C A
C R N E N E Ö O W P F X V S R
Ü H A R E X S L Ö A D Ü F N T
R A N F H W R Z M M F Z B I E
U J L O T J E M A L S F D E Z
Z M O R C P P G P A O Ü E M E
Ä V C W M H H Z Q Ü I ß K E I
D U H T G E S C H E N K E G T
```

STIMMEN	HOLZ
SPIEL	SPINNE
JAHR	GESCHENKE
KRAFT	WARTEZEIT
ZURÜCKZIEHEN	WAFFE
VERDAUT	CHARAKTER
LOCH	NOCH
EHEMALIGES	PULVER
JEMALS	PERSÖNLICH
NICHT	GEMEINSCHAFT

Puzzle 78

```
P  I  D  E  N  T  I  F  I  Z  I  E  R  E  N
Z  O  O  W  E  I  Z  L  E  G  E  R  Y  H  F
B  S  R  B  U  L  C  W  T  N  I  E  H  C  S
E  I  E  T  J  K  W  Ü  E  C  Q  T  J  I  A
S  C  B  R  R  E  T  F  T  I  G  B  Q  L  L
C  H  E  E  R  Ä  K  Q  A  Q  M  U  I  T  L
H  E  L  I  I  ß  T  T  R  F  Ü  A  ß  I  M
U  R  K  T  R  H  V  U  I  O  L  L  L  S  Ä
L  H  A  K  S  C  G  K  E  X  Ü  R  R  T  H
D  E  I  E  O  S  W  W  H  S  U  E  V  E  L
I  I  Ü  L  P  O  S  T  R  Ä  Y  E  O  E  I
G  T  Ä  F  S  R  I  Ü  E  D  A  T  E  N  C
E  V  M  E  S  F  Z  F  V  V  Q  K  Q  E  H
N  T  Z  R  A  N  H  A  Z  M  Ü  Y  ß  E  E
```

SCHEINT	SICHERHEIT
REGEL	KLEBER
REFLEKTIERT	ALLMÄHLICHE
POST	TEE
DATEN	BESCHULDIGEN
CLUB	ZAHNARZT
VERHEIRATETE	IDENTIFIZIEREN
OBJEKT	ILTIS
PORTRÄT	ZWEIMAL
ERLAUBT	FROSCH

Puzzle 79

```
E  A  J  T  H  Z  G  V  Ö  M  Ä  L  H  B  Ü
N  B  R  E  H  I  E  E  H  C  R  I  K  U  T
T  S  P  I  A  T  W  R  T  U  T  P  P  ß  T
F  C  G  L  D  A  I  G  H  N  L  I  C  H  T
E  H  N  U  U  T  C  E  C  N  O  S  K  T  B
R  L  D  N  A  W  H  B  O  E  F  R  P  H  R
N  U  Ä  G  D  X  T  E  M  T  Ü  R  F  Y  U
T  S  Y  O  B  W  B  N  E  T  P  E  H  E  D
L  S  N  Ä  Y  S  T  D  G  E  Ö  I  V  D  E
V  E  R  W  A  L  T  U  N  G  U  L  O  X  R
A  M  E  R  I  K  A  N  I  S  C  H  E  O  V
M  F  Ü  D  C  R  L  U  Ö  K  J  R  Ü  B  R
B  Ö  J  D  N  Q  B  S  Z  U  T  S  M  E  D
C  L  T  I  H  E  G  A  R  F  H  C  A  N  K
```

WAND	TUT
EHE	NETTE
LICHT	VERWALTUNG
AMERIKANISCHE	ENTFERNT
GEWICHT	NACHFRAGE
TEILUNG	VERGEBEN
BRUDER	KIRCHE
BLATT	FRONT
ZITAT	OBEN
GEMOCHT	ABSCHLUSS

Puzzle 80

```
S  U  Ü  P  T  B  I  L  D  U  N  G  W  E  Ä
C  L  H  S  A  U  L  X  J  C  Y  S  Ü  N  H
H  F  O  O  X  L  E  O  T  V  Ä  V  Y  T  N
Ö  J  V  B  I  G  U  Ä  G  Ü  K  S  P  D  L
N  E  V  I  T  A  N  R  E  T  L  A  L  E  I
E  A  T  R  E  U  Y  Ö  R  M  N  E  Y  C  C
N  N  E  G  L  O  F  F  R  A  U  E  N  K  H
S  G  N  U  H  E  I  Z  E  B  W  T  Q  U  E
Z  E  R  E  R  H  E  M  G  Ä  U  I  U  N  R
G  B  W  D  R  N  E  D  N  I  F  R  E  G  P
P  O  K  S  E  L  E  T  A  T  G  Y  Ö  G  T
Y  T  L  Ü  L  M  J  R  R  W  H  R  C  Ü  E
B  Ü  R  G  E  R  N  N  O  H  N  Ü  X  Z  Q
ß  C  B  Y  S  I  N  N  L  O  S  E  R  I  Ö
```

BÜRGERN	FOLGEN
BILDUNG	ALTERNATIVE
TELESKOP	BEZIEHUNG
SCHÖNEN	MEHRERE
LKW	TAXI
WIEGE	ERFINDEN
SINNLOSER	ANGEBOT
ENTDECKUNG	ORANGE
TREU	FRAUEN
ÄHNLICHER	ERREGT

Puzzle 81

```
K F E I R Ö J G Ö J T R I C K
A J L R V R G I D N E W T O N
N I Ü Ü I A H T T Ü I D R E H
N N O I S S U K S I D N O Ö K
T X X Y M S Ä Ö Q Ö B V W C T
E Q W P G Ö D F B U A N E G H
N G E O G R A P H I E R P Ü F
R E R Z Ä H L E R L A X M G Ä
I V O R F A H R E N X D H E L
C V E R S U C H E N Ä S E E E
H V E R S C H I E D E N E N G
T M I T G L I E D ß K T Ö H E
E S O L N E T S O K Ä T L N S
R C O N G R A T U L A T E C O
```

GENAU	ARMEE
GEOGRAPHIE	KANNTEN
SEGEL	KOSTENLOSE
TRICK	JEDOCH
VORFAHREN	VERSCHIEDENEN
HERD	MITGLIED
VERSUCHEN	DISKUSSION
FLUSS	CONGRATULATE
RICHTER	ERZÄHLER
RIEF	NOTWENDIG

Puzzle 82

```
V  J  L  B  E  O  B  A  C  H  T  E  T  E  R
E  Ü  L  E  E  N  H  B  E  N  Z  I  N  C  S
R  Ü  O  H  I  H  E  D  F  E  E  Ä  E  Ü  A
A  N  S  U  L  C  T  F  E  B  P  F  B  N  U
N  O  T  H  Ä  B  H  A  T  E  L  Q  E  A  B
T  I  C  C  A  C  T  T  L  G  N  N  T  E  E
W  S  B  S  H  D  A  D  I  T  E  R  A  I  R
O  I  Z  O  E  Ä  R  G  X  G  S  I  E  V  E
R  V  ß  Ü  R  O  B  K  H  Ö  K  P  N  E  T
T  F  P  X  L  Y  R  W  Ä  I  A  E  I  R  L
U  U  D  F  I  H  E  L  Ü  F  ß  J  I  T  A
N  P  Ü  F  C  I  V  Ö  Y  S  B  Ü  L  T  Ä
G  F  B  K  H  T  E  Z  E  I  C  H  E  N  M
F  F  K  Ö  N  I  G  I  N  E  D  N  E  S  X
```

LEICHTIGKEIT   SENDEN
SAUBER   KÖNIGIN
BEOBACHTETE   ZEICHEN
SIE   ALTER
TON   SCHUHE
FETT   VISION
LEBEN   NATIVER
VERANTWORTUNG   LÄCHERLICH
NEBEN   VERBRACHTE
BENZIN   SOLL

Puzzle 83

```
J  Ü  K  J  R  I  E  S  I  G  E  R  P  L  R
B  E  T  E  I  L  I  G  T  D  H  T  Ö  C  T
T  C  E  R  E  T  T  I  R  N  C  B  I  P  B
ß  S  J  B  B  P  X  S  H  E  S  S  U  M  E
B  E  O  B  A  C  H  T  E  T  I  V  G  I  G
G  L  Q  G  G  S  C  T  L  E  R  E  E  E  R
H  E  I  Z  F  C  I  I  E  R  T  R  T  R  I
T  I  K  S  U  H  L  N  G  T  K  L  A  E  F
Ä  P  N  W  A  R  M  H  Y  F  E  E  N  E  F
C  S  N  T  Y  E  E  C  T  U  L  I  W  D  E
H  I  S  T  E  I  I  S  V  A  E  H  K  E  J
C  E  ß  R  A  R  Z  B  ß  E  D  E  I  M  Q
F  B  V  G  V  T  E  A  Y  T  W  N  D  Ä  Y
U  Q  G  W  A  H  R  H  E  I  T  V  C  U  W
```

RITTER
GETAN
ZIEMLICH
ABSCHNITT
RIESIGER
SKI
GELEHRT
MUSS
BEGRIFFE
AUFGABE

BEOBACHTET
VERLEIHEN
BEISPIEL
BETEILIGT
SCHREI
REIM
HINTER
WAHRHEIT
AUFTRETEN
ELEKTRISCHE

Puzzle 84

```
A  G  S  G  ß  R  E  F  P  Ü  H  S  A  R  G
T  N  E  H  C  S  I  T  A  M  O  T  U  A  E
R  D  G  F  S  T  E  M  P  E  L  I  Ö  E  W
A  Z  S  E  Ä  S  O  R  G  E  V  E  L  I  Ö
G  C  W  L  S  H  G  Y  D  E  S  H  V  N  H
I  A  Ü  B  U  P  I  F  D  Ü  C  R  E  F  N
S  N  N  A  P  Ü  A  G  U  R  H  E  R  R  L
C  R  J  I  Ä  B  B  N  S  Y  A  D  D  I  I
H  E  Ü  R  Ü  ß  E  D  N  U  R  N  I  E  C
E  N  H  A  B  O  T  U  A  T  F  I  E  R  H
R  N  G  V  ß  O  J  O  G  P  E  M  N  E  E
F  I  D  O  P  P  E  L  T  E  N  F  E  N  H
D  R  I  T  T  E  C  ß  Q  O  M  M  N  V  A
B  E  S  E  T  Z  E  N  A  P  F  E  L  D  D
```

STEMPEL	TRAGISCHER
DRITTE	FÄHIG
AUTOMATISCHEN	DOPPELTE
RUNDE	GRASHÜPFER
VARIABLE	SORGE
APFEL	ERINNERN
EINFRIEREN	GEWÖHNLICHE
VERDIENEN	BESETZEN
AUTOBAHN	ANGESPANNT
SCHARFEN	MINDERHEIT

Puzzle 85

```
E N T W I C K E L N F R Ü H Ö
N X V W D M Ü Z F N V E I K N
I W P I M I ß Y J O Ö F N A N
L E L N E T R ß F I N P T N R
P I G E A R T E I S A O E A E
F L V G S N T P G S C H L R L
E B L N D S Ö E ß I Y T L I I
R L L I M U E S U M O X I E G
D A K R Y A K S X O A N G N I
W U O P M E T L A Ä F L E V Ö
V E R S C H I E B E N H N O S
K G U T K M R J ß X A R T G E
C G E N E T L A H T N E E E N
Ö B R E H C I L K C Ü L G L Ü
```

SESSEL   ALT
GLÜCKLICHER   ENTHALTEN
ENTWICKELN   REGION
FRÜH   NILPFERD
BLAU   WEIL
MUSEUM   INTELLIGENTE
RELIGIÖSEN   OPFER
TEMPO   MISSION
VERSCHIEBEN   VIERTE
ENTSPRINGEN   KANARIENVOGEL

Puzzle 86

```
B F Ü C Ä T K Ö N I G T G Q G
U E A L L E I N Ü R G U M G T
T C K M F T N E V L O S B A Ä
T H Ö V C S M G H ß U Ö S ß T
E T R I Z R N E N N E K R E I
R E P I N E B R U H I U F H N
G N E N B B M I X G D E M Ü T
U S R D D Z H C I L T U E D E
T B L U M E N H C I T T E R N
E U X H L I X T S Z F Y S Z F
U Ä L H S K L H E I ß E J R I
Ä I Z B E R H A L T E N A V S
E E B V E Y Ä W B Z K B P I C
G E N E R A T I O N K Ü F Ö H
```

KÖRPER
GENERATION
ABSOLVENT
HEIßE
TINTENFISCH
ALLEIN
EINHEIT
KÖNIG
BUTTER
DEUTLICH

ERHALTEN
GUTE
GRÜN
BLUT
GERICHT
RETTICH
ERSTE
ERKENNEN
FECHTEN
BLUMEN

Puzzle 87

```
F  G  B  W  M  Z  S  P  R  Z  Ä  T  K  G  I
L  C  E  I  Y  U  K  R  Ä  N  K  E  N  E  N
A  J  D  E  C  V  A  K  Y  W  B  J  N  S  S
U  Ä  I  D  E  E  F  C  A  N  G  S  T  T  P
M  T  N  E  Z  R  Ü  I  H  U  H  J  T  E  I
I  H  G  R  D  L  P  L  C  T  Z  B  F  R  R
G  C  U  H  W  Ä  K  B  E  L  F  Z  R  N  I
Ü  A  N  O  T  S  O  N  E  I  D  E  M  X  E
S  W  G  L  U  S  M  E  Ü  H  Z  R  J  M  R
E  E  Y  E  L  I  M  G  A  N  T  I  K  E  E
T  G  I  N  P  G  E  U  F  P  B  Ä  Y  Y  N
W  F  D  F  E  E  N  A  B  E  K  G  K  X  E
A  U  D  C  E  S  D  I  N  S  T  A  B  I  L
S  A  ß  D  C  B  E  I  R  T  E  B  S  ß  G
```

ELF	TULPE
SEIFE	AUGENBLICK
KRÄNKEN	ACHT
ZUVERLÄSSIGE	BEDINGUNG
ANTIKE	BETRIEB
INSTABIL	ETWAS
KOMMENDE	GESTERN
WIEDERHOLEN	INSPIRIEREN
FLAUMIG	MEDIEN
ANGST	AUFGEWACHT

Puzzle 88

```
I O R G A N I S A T I O N R Y
G N Z E H N E H C U S E B E H
T R T O Y L Ü ß V A L Ö V S L
C J E E B O R E D R A G E T A
O L D N R G M P D A E A R A F
A L L Z Z N W O R T N T L U U
C D G R X E A I S Z I N I R ß
X I L L I L A T U O L O E A ß
J P M E N I E B I Ö R M R N Ü
M A O W R Ö B Q O O Ä U E T N
U N S I C H T B A R N R N R Ä
W A N D E R T D D Ü Y A E R H
A U T O M O B I L H X S L F E
J E D E M E Ä F Ä I T Q Ä E N
```

UNSICHTBAR   GRENZE
ADLER   INTERNATIONALE
ORGANISATION   MONTAG
FUß   BEINE
RESTAURANT   LILA
GARDEROBE   AUTOMOBIL
WORT   JEDE
BESUCHEN   WANDERT
VERLIEREN   LINEAL
NÄHEN   ZEHN

Puzzle 89

```
V Z Z H O R P J P Z E Ä E B K
S E F ß D N E Z N Ä L G C I R
Y I R W Q J D I W Ä A V W Ü I
H ß C G B H J A S K E E E B T
K C O H A V N D V E W R I B I
E N M Z E N I E S P Ä G S L K
F Z A V P R G R ß B H E H U Ö
N O I T K E L E S D L S E M U
O W D N E G R I N X E S I E L
A R B E I T Ä G C H N E T N Ä
V E R M E I D E N H E N J K R
U N A B H Ä N G I G R I O O M
E R F O R S C H E N Ö V T H V
T K O B O L D X ß P H Z T L ß
```

REISE
SEINE
HÖREN
UNABHÄNGIG
VERGESSEN
WEISHEIT
LEKTION
WÄHLEN
IRGENDWO
KOBOLD

SICHERLICH
VERGANGENHEIT
VERMEIDEN
BLUMENKOHL
PRO
GLÄNZEND
ERFORSCHEN
KRITIK
LÄRM
ARBEIT

Puzzle 90

```
V O F F I Z I E L L E G H L G
S O Z E R S T Ö R E N I N K R
J T R M I T A R B E I T E R O
Y Y R H G Ü Ö B V S W H T G ß
Z M B E E F K W L R I C E E Z
N E R E I R E P O R D I I F Ü
Ü B U N G F S Q T A M S B Ä G
B B M E Y T E A K B E R R H I
L A O S F H H N G E N O E R G
E T T N Y E ß E ß E P V V L K
I R E I X O P D I C N N P I E
B T L Z S R A I M Ä Ä U X C I
E E Z R ß I R E T S M A H H T
N H X F U E I L F C J N N E Z
```

STREIFEN
OFFIZIELLE
ZINSEN
UNVORSICHTIG
GROßZÜGIGKEIT
MOTEL
MITARBEITER
VORHERSAGEN
GEFÄHRLICHE
HAMSTER

LEIDEN
BLEIBEN
BAT
ZERSTÖREN
OPERIEREN
ÜBUNG
WIDMEN
RABE
THEORIE
VERBIETEN

Puzzle 91

```
L B E G R I F F Z Ä Y X N E B
V E O T R E T T U M ß O R G E
E Z B I V H X C G C A U E I S
R N L E H C Ä L E Ä P ß T Z C
P A M H N I V O B Z S R Ä N H
F L E D E S C X E I E F P I E
L F H N B R R E N N Ä M S W I
I P R U O I W A T Ü V L R U D
C I F S H F X ß U S H Y N I E
H P A E C P C H C M W Q Q K N
T J C G S F R E U D I G E F E
U ß H P E G I E F P G Q T Ä N
N G ß B G S O R T I M E N T V
G R B E S C H R E I B E N ß ß
```

MEHRFACH	PFIRSICH
ZUGEBEN	GESUNDHEIT
BESCHREIBEN	LEBENSRAUM
GESCHOBEN	PFLANZE
SPÄTER	SORTIMENT
BESCHEIDENEN	BEGRIFF
MÄNNER	FREUDIG
VERPFLICHTUNG	FEIGE
LÄCHELN	WINZIGE
SPAß	GROßMUTTER

Puzzle 92

```
R V E R M E I N T L I C H E D
L E K I T R A P G F Ü L D U I
M G D Y R O I N E S N D U K N
Ä N A U O P I R F Y E T K E G
D U S V Z D F Ü Ü C N F U ß E
C R J M T I E Z H C O H I H S
H E S I N N E T L A E D E X C
E K J N Ü H W R P R K Ä W C H
N L I W H P C M T N P N Z B N
M Ö H B E S T E S Z Ü N D K E
U V R C A O G T A H T Y S B L
P E R S O N A L Ö F F E Ü P L
Ö B G R O ß V A T E R Z J D M
S C H N E E B A L L Y W P W P
```

GROßVATER
GEFÜHL
SCHNELL
VERMEINTLICHE
FIX
SCHNEEBALL
ZWEI
HOCHZEIT
JETZT
DEAL

SENIOR
TENNIS
PERSONAL
BESTES
IHR
BEVÖLKERUNG
DINGE
PARTIKEL
REDUZIERT
MÄDCHEN

Puzzle 93

```
F  G  Q  Q  R  X  X  D  Z  J  K  G  C  O  V
B  R  Ä  B  T  M  N  E  C  N  A  H  C  R  I
G  E  E  T  U  N  I  M  M  G  R  F  A  T  E
K  A  S  I  Ö  H  J  O  A  J  I  J  Ä  V  L
O  F  L  S  E  E  W  N  G  J  ß  ß  B  C  L
N  L  H  O  E  N  X  S  E  W  Ä  K  H  T  E
T  A  P  P  P  R  I  T  N  P  R  I  N  Z  I
R  S  K  O  N  P  E  R  Ö  T  H  X  L  L  C
O  C  O  L  W  L  E  I  S  H  Y  D  C  F  H
L  H  J  I  K  X  N  E  S  C  H  N  E  E  T
L  E  O  T  A  B  E  R  O  X  ß  X  Z  Z  H
E  N  T  I  A  Q  Z  T  J  R  V  S  N  E  A
S  Ö  E  K  G  E  S  T  O  P  P  T  Ü  W  R
H  E  R  S  T  E  L  L  U  N  G  G  M  P  D
```

KOJOTE
HERSTELLUNG
DEMONSTRIERT
MINUTE
KONTROLLE
ORT
VIELLEICHT
FREIEN
MÜNZE
FLASCHE

BESSERE
CHANCE
DRAHT
SZENE
POLITIK
GALOPP
MAGEN
PRINZ
SCHNEE
GESTOPPT

Puzzle 94

```
B  I  B  L  I  O  T  H  E  K  M  U  Ü  B  E
I  R  G  E  N  D  W  A  N  N  R  N  J  N  T
E  W  Ä  B  C  Ü  I  N  T  E  R  V  I  E  W
M  ß  N  Ä  S  P  B  Z  R  T  V  U  Ö  Y  B
G  W  D  B  U  K  N  E  H  E  T  S  R  E  V
Z  Ä  H  L  E  N  I  S  R  O  R  R  E  T  G
L  X  J  S  N  E  N  O  I  L  L  I  M  Ö  X
A  G  G  R  E  S  S  I  V  E  E  P  M  R  S
O  Y  Ö  T  G  L  A  S  ß  J  Q  B  I  K  I
S  H  Q  T  A  L  M  R  E  T  S  N  E  F  E
V  E  R  S  C  H  I  E  D  E  N  E  S  N  B
N  ß  E  G  J  Q  L  E  R  B  S  E  N  O  E
D  D  X  T  I  E  K  G  I  U  A  N  E  G  N
G  E  W  O  H  N  H  E  I  T  Ä  R  B  Q  T
```

VERSTEHEN	VERSCHIEDENES
KRÖTE	MILLIONEN
ERBSEN	BIBLIOTHEK
INTERVIEW	IRGENDWANN
TERROR	ÜBERLEBEN
GEWOHNHEIT	ZÄHLEN
HAT	GENAUIGKEIT
SIEBEN	IMMER
KLIMA	FENSTER
AGGRESSIVE	GLAS

Puzzle 95

```
S  D  N  E  M  M  I  W  H  C  S  R  Z  K  W
W  C  A  R  E  L  Ü  H  C  S  C  E  J  L  L
C  B  H  A  V  Ä  T  J  Ö  Ü  H  G  R  A  K
N  E  N  L  E  K  C  A  W  Y  O  E  K  S  V
O  I  E  K  I  T  D  P  B  M  K  N  R  S  G
S  N  M  M  G  T  T  O  K  S  O  S  E  E  R
T  H  H  O  W  T  W  V  Ü  L  C  I  N  A
Ä  A  A  D  L  O  F  S  H  E  A  H  S  Z  B
N  L  N  E  O  L  G  F  C  N  D  I  G  I  E
D  T  E  R  I  L  S  L  S  H  E  R  D  M  N
I  E  N  N  B  E  E  Ä  T  Ä  U  M  J  M  W
G  N  F  E  J  N  Y  Y  I  Z  J  H  K  E  F
E  I  F  ß  H  A  M  B  U  R  G  E  R  R  Ö
R  Y  Ö  Z  U  F  Ü  P  Q  O  H  S  R  I  ß
```

STÄNDIGER	GRABEN
ÖFFNEN	SCHÜLER
SCHLITTSCHUH	ZÄHNE
NAHMEN	SCHWIMMEN
OPA	BIOLOGIE
KREIS	WACKELN
HAMBURGER	BEINHALTEN
KLASSENZIMMER	MODERNE
KLAR	SCHOKOLADE
WOLLEN	REGENSCHIRM

Puzzle 96

```
Z W Y P D Y Ü M N J B A J S P
D A A C P Ü Q T E Q Ü R G C L
E S H H O S I G N A L E O M Ö
M C U L R T D M N J H R G T T
O H W T R S H A E M Ä A E F Z
K L I R B E C ß R K H B F F L
R O C O R I I H T O I T A I I
A S H M E R M C E B Y S L R C
T S T M I N A I H I M O L T H
I Ä I E T C W E Q E N K E T N
S W G L E Z O L G Ä X L N T O
C W A L N A V G N I G Z I L R
H G E S C H I C H T E B X C ß
E V E R T R A U T E N Y G U H
```

GEFALLEN
GLEICH
VERTRAUTEN
PLÖTZLICH
TRIFFT
MAß
WAL
WAHRSCHEINLICH
GESCHICHTE
GING

TROMMEL
TRENNEN
SCHLOSS
BROT
SIGNAL
WICHTIG
DEMOKRATISCHE
ZAHLREICHE
KOSTBARER
BREITEN

Puzzle 97

```
F B N Q Ä J Y M U ß G B I R Ä
I O M Ü H L E A Y T E B A T E
G F L G A N Z L N S N M C N S
N W Ä K K L C E Q B U V B C K
O Ö D X L V M N O L G K D Ö P
R F A L L O S E V E G Ü O R G
I T M C G W R V O S I C H F U
E F A R B E N E R A B H C A N
R R X J T N E T H C A B O E B
E K O M P L E X A B Ü B U T ß
N E G N A F B A N O W H J ß Ü
P O S I T I O N G O A Ä D X U
V E R B R E C H E N X H U F ß
R Q J K I N S P I Z I E R E N
```

GENUG	FOKUS
FARBEN	KOMPLEX
VERBRECHEN	BEOBACHTEN
ABFANGEN	INSPIZIEREN
NACHBAR	MALEN
MÜHLE	POSITION
FALL	SICH
GANZ	SELBST
BANK	FOLKLORE
VORHANG	IGNORIEREN

Puzzle 98

```
G S D M O N D N A R T S A S G
L C O W E T T E R O S K B C R
Ü H M R E S E R V E T T K H K
H Ü I L H Z Ä H L E R R Ü E O
W T N T Q Ä Ä N T M E O R U F
Ü T A E Y O S Ä Z E W C Z N A
R E N N T P Ü R Z U H K U E S
M L T I R S I P Z Q C E N N A
C N E H F J I S C E S N G I N
H E Ü C Q I O Z C B Ü X S C E
E T W S X T U R I H P Ö Q H N
N U Ä A W T M W O L E A Q T Ö
L P Y M T K E T T E O A D S D
Q U O T I E N T E N C P E X E
```

RESERVE	NICHTS
MASCHINE	MOND
ABKÜRZUNG	STRAND
GLÜHWÜRMCHEN	FASANEN
TYPISCHE	WETTER
ZÄHLER	BEQUEME
POLIZISTEN	TROCKEN
QUOTIENTEN	SCHEUNE
SCHÜTTELN	DOMINANTE
KETTE	SCHWERT

Puzzle 99

```
G T N Z B J H F N E K N A D O
A E D N E B E L Ü I L R U D F
R T G A K T I V E N A A E E N
T I L E K R W F N S J V N S H
I E E O N Ü X N M A C W N D Ö
E B O L E Ü R C H T O A E Z C
B R P B D I B Z J Z W E L Q H
B A A W R M K E L M F N I J S
M Y R I E N E R R I W R E V T
N V D Y W U D R Z Q C H T P A
H O F F N U N G E D L H R T U
P R O J E K T H I Q ß Q E F S
A U F S T I E G G Z V A V V O
O H N E A G D Z T S G N U T T
```

LAND	AKTIVE
LEBENDE	VERWIRREN
HOFFNUNG	HÖCHST
KÜRZLICH	DANKEN
GEGENÜBER	WERDEN
EINSATZ	VERTEILEN
AUS	ZEIGT
BEITRAG	PROJEKT
DES	LEOPARD
ARBEITET	AUFSTIEG

Puzzle 100

```
Ü  T  T  P  R  O  D  U  Z  I  E  R  E  N  B
J  Ä  Z  R  S  K  I  F  A  H  R  E  N  E  Ü
U  Q  L  L  A  B  X  I  Ö  P  B  T  S  L  H
Z  Ö  M  N  O  I  T  A  N  I  B  M  O  K  N
L  Ö  L  E  B  K  N  R  E  F  Ä  K  B  A  E
O  Z  Ö  T  Z  A  E  I  A  W  J  Ö  E  B  K
D  G  D  S  X  M  L  S  N  U  D  C  R  G  A
W  A  B  E  C  Ä  H  Q  E  G  D  B  A  E  N
Z  ß  C  W  S  Q  E  I  D  J  H  K  T  N  I
V  U  B  H  M  N  F  V  I  U  Ä  Y  U  U  T
G  E  H  T  T  F  P  P  E  N  T  K  N  T  S
H  R  E  S  S  E  M  Q  R  G  I  E  G  Z  A
W  I  E  S  E  L  E  Ö  K  E  X  D  T  T  P
V  I  T  A  M  I  N  E  B  N  H  F  Ö  E  V
```

KREIDEN	KOMBINATION
PRODUZIEREN	KAM
TRAINING	SKIFAHREN
BÜHNE	DACHTE
GEHT	BERATUNG
JUNGEN	KÄFERN
WESTEN	EMPFEHLEN
BALL	PASTINAKE
WIESEL	VITAMINE
ABGENUTZTE	MESSER

Puzzle 1

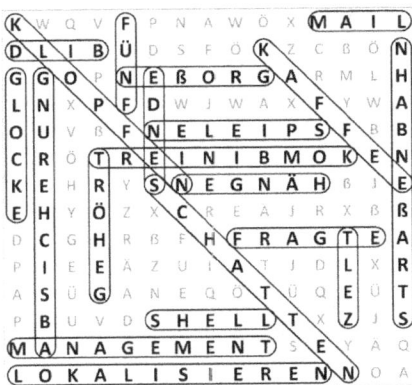

Puzzle 2

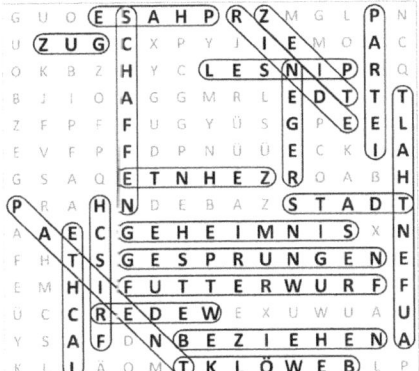

Puzzle 3

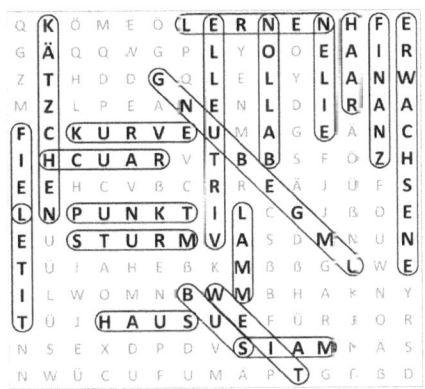

Puzzle 4

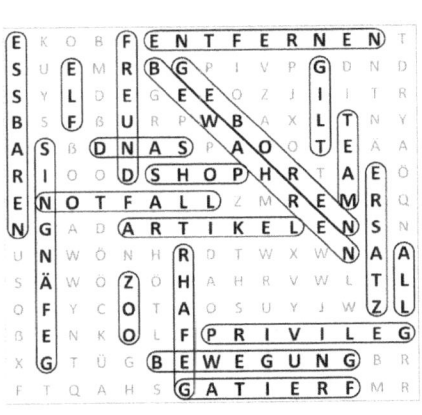

Puzzle 5

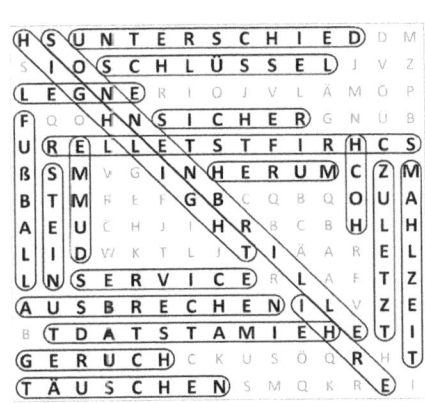

Puzzle 6

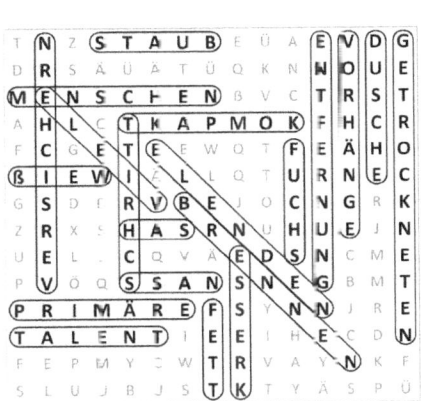

Puzzle 7

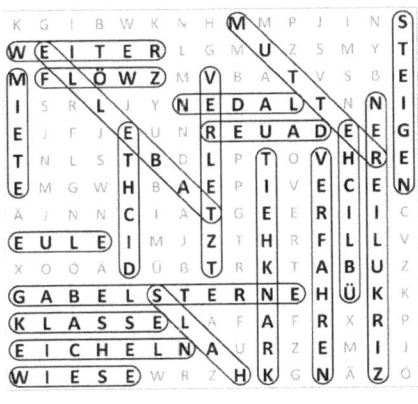

Puzzle 8

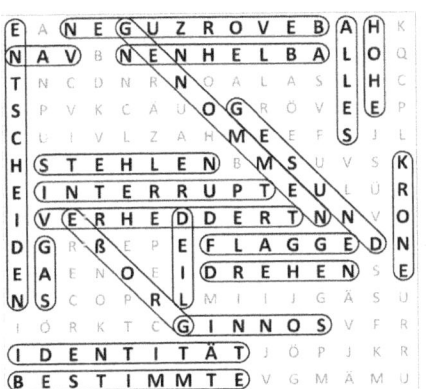

Puzzle 9

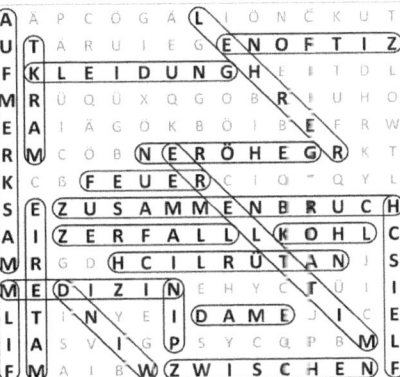

Puzzle 10

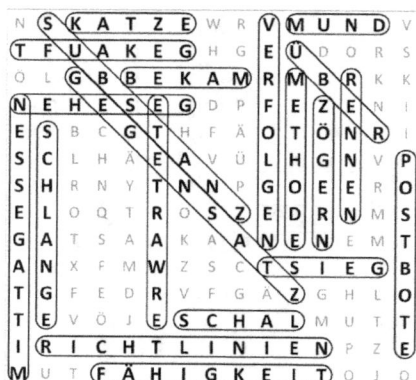

Puzzle 11

Puzzle 12

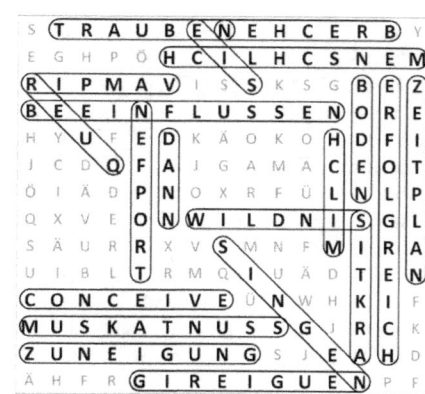

Puzzle 13

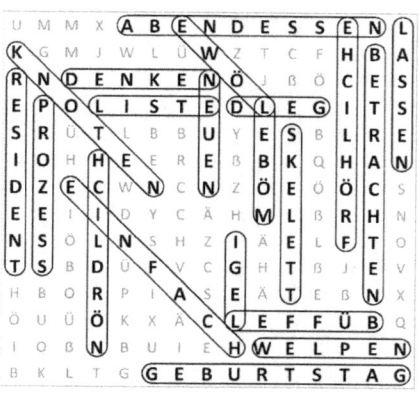

Puzzle 14

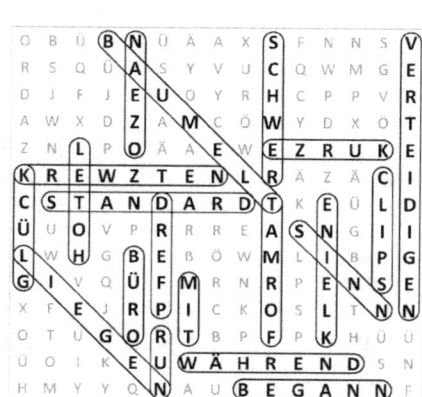

Puzzle 15

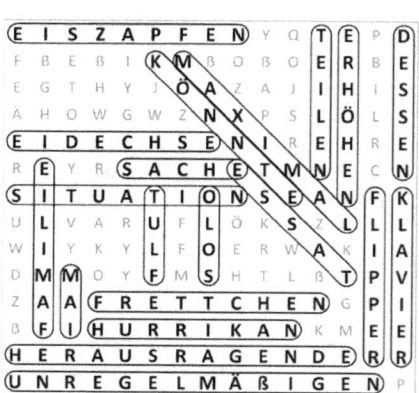

Puzzle 16

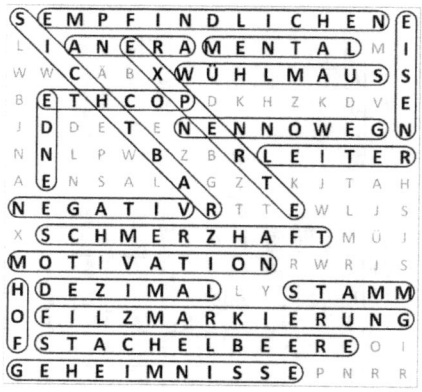

Puzzle 17

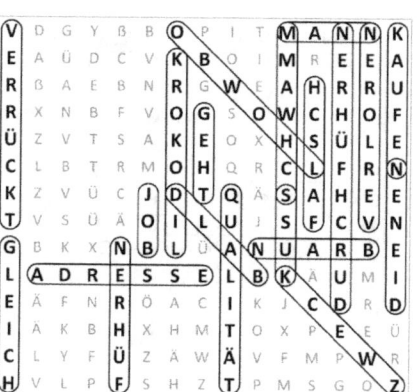

Puzzle 18

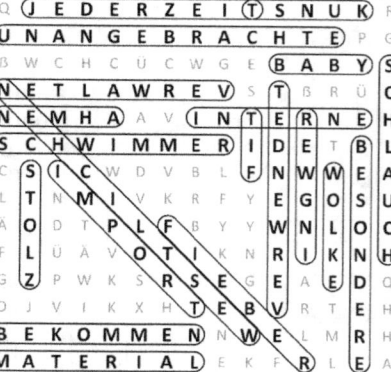

Puzzle 19

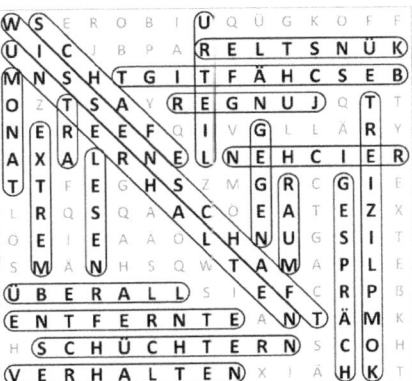

Puzzle 20

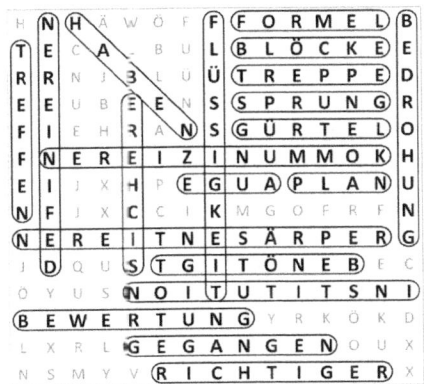

Puzzle 21

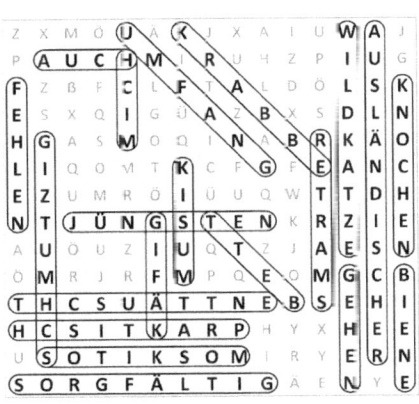

Puzzle 22

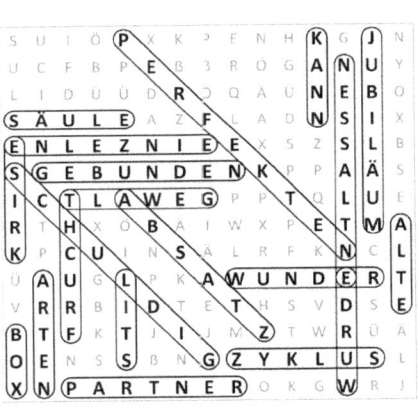

Puzzle 23

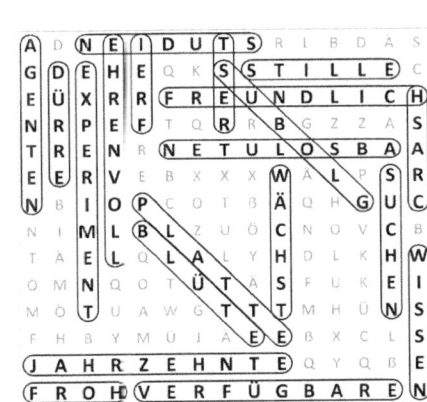

Puzzle 24

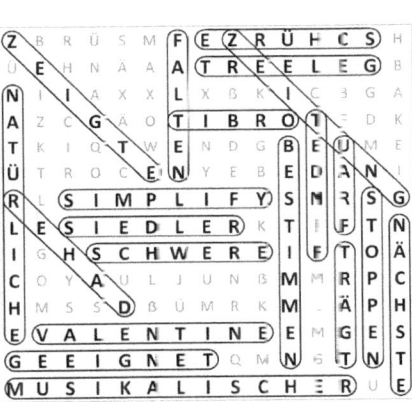

Puzzle 25

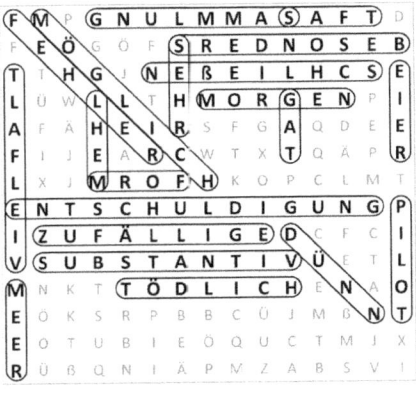

Puzzle 26

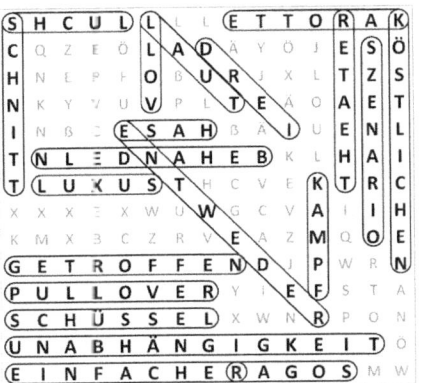

Puzzle 27

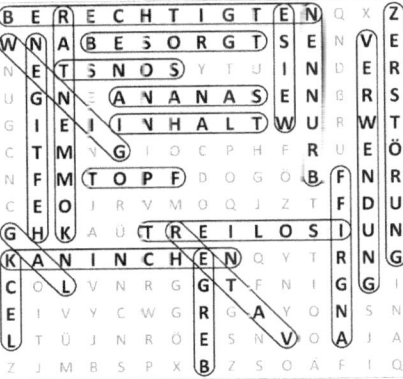

Puzzle 28

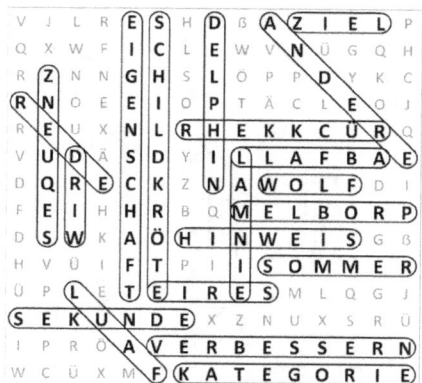

Puzzle 29

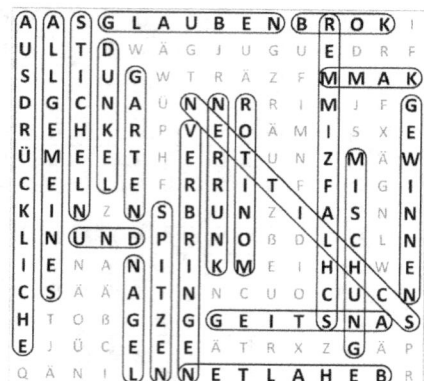

Puzzle 30

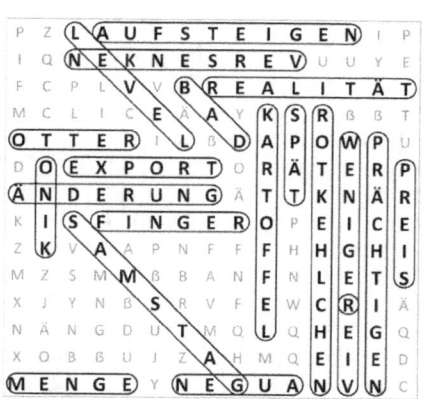

Puzzle 31

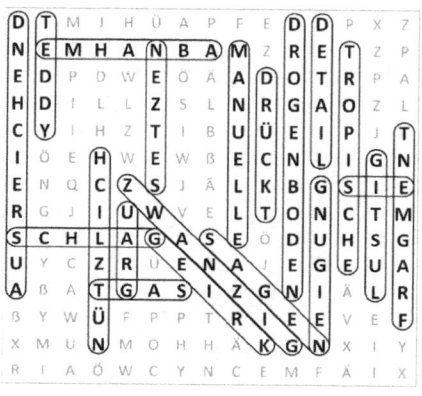

Puzzle 32

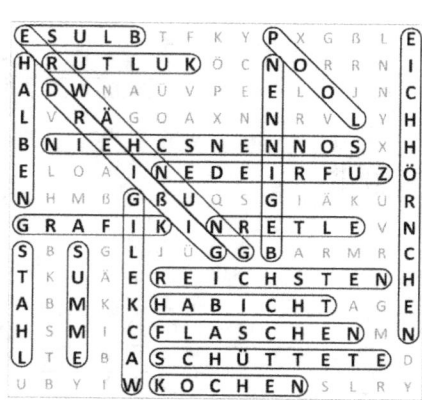

Puzzle 33

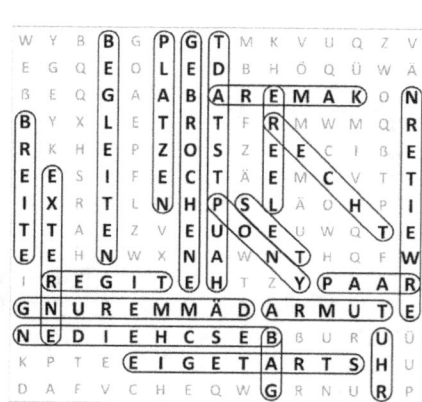

Puzzle 34

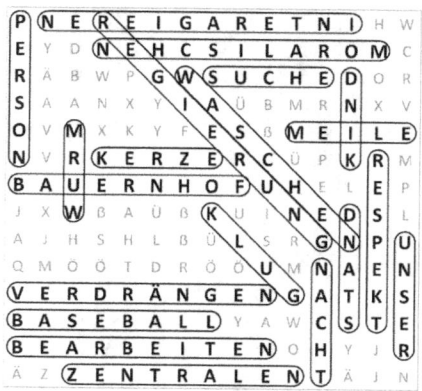

Puzzle 35

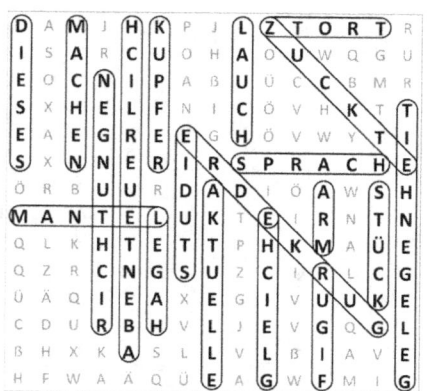

Puzzle 36

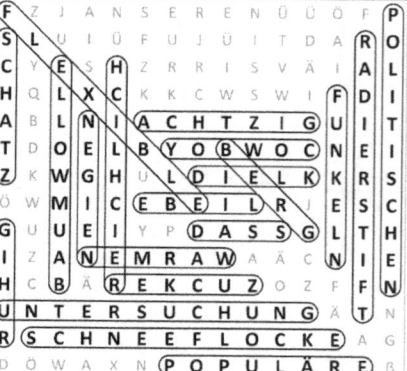

Puzzle 37

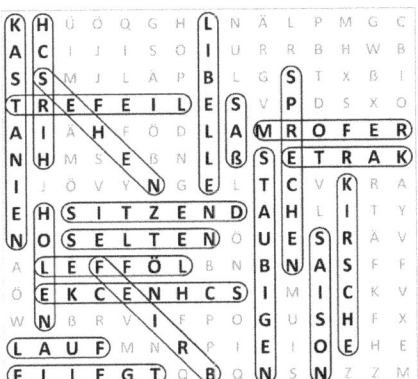

Puzzle 38

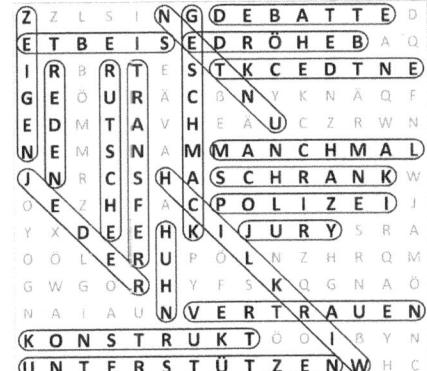

Puzzle 39

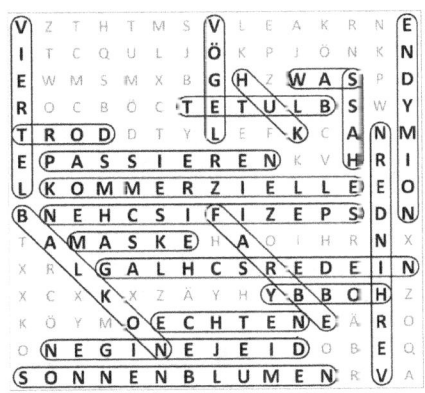

Puzzle 40

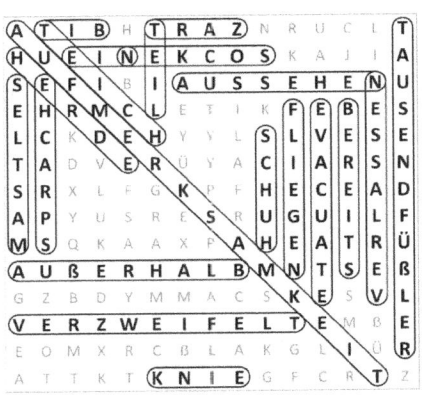

Puzzle 41

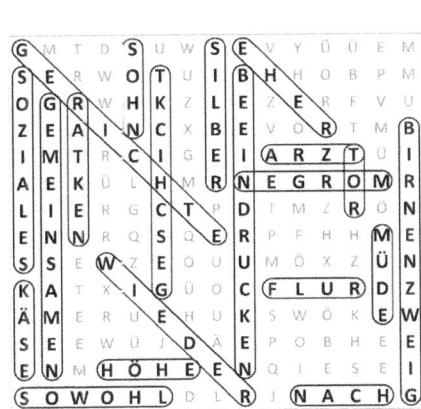

Puzzle 42

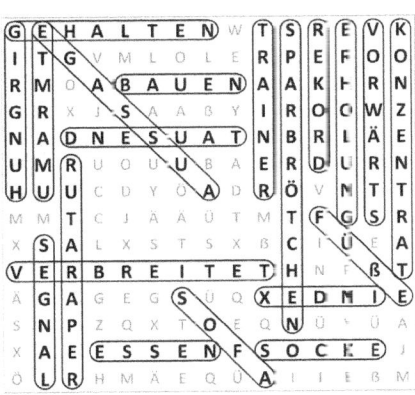

Puzzle 43

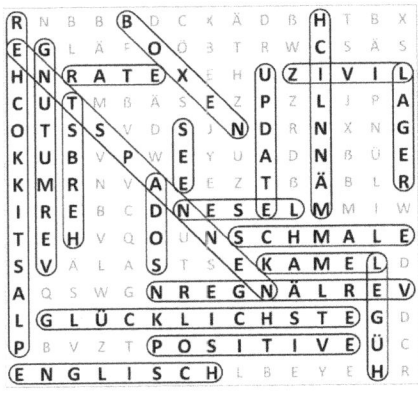

Puzzle 44

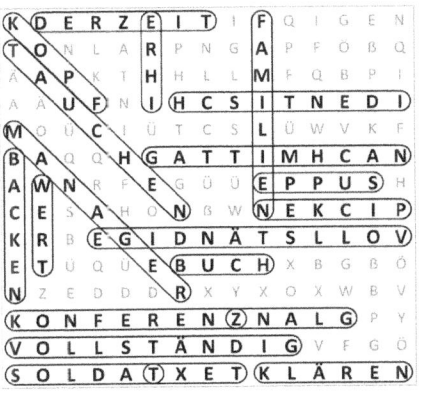

Puzzle 45

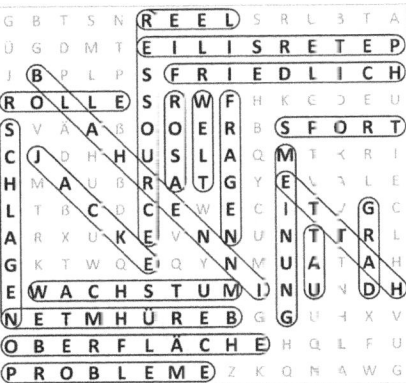

Puzzle 46

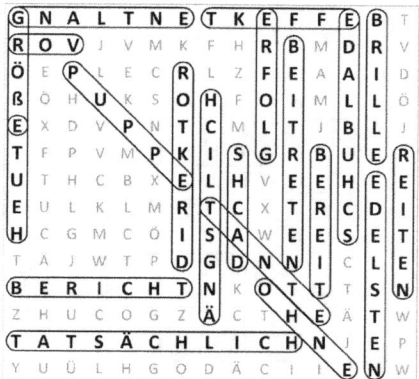

Puzzle 47

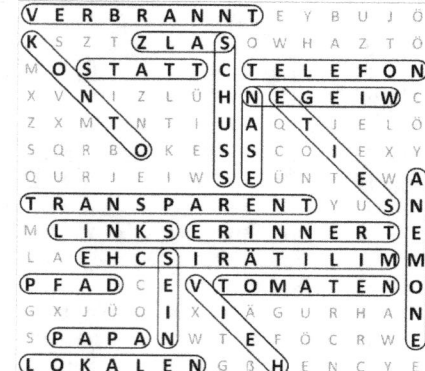

Puzzle 48

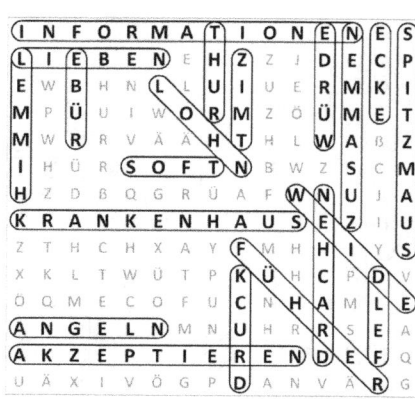

Puzzle 49

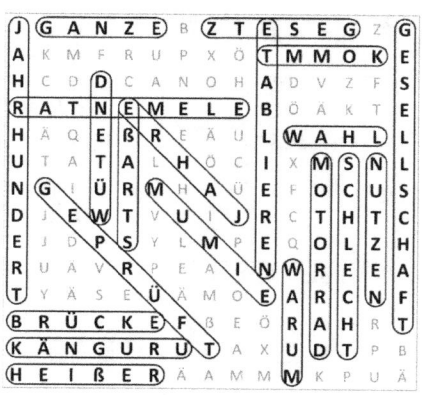

Puzzle 50

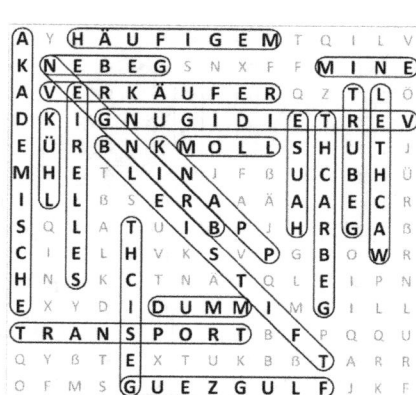

Puzzle 51

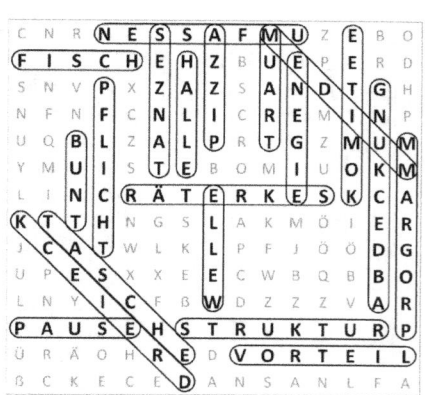

Puzzle 52

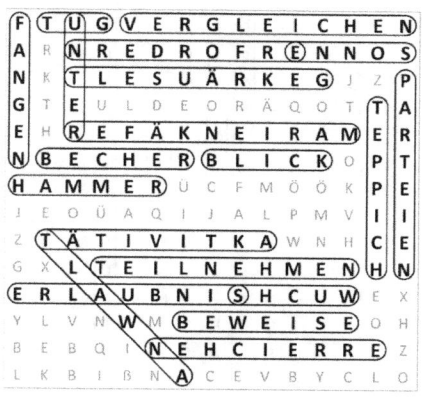

Puzzle 53

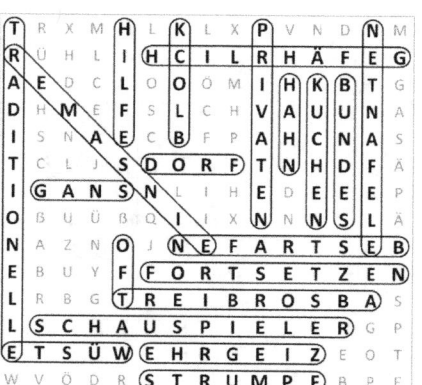

Puzzle 54

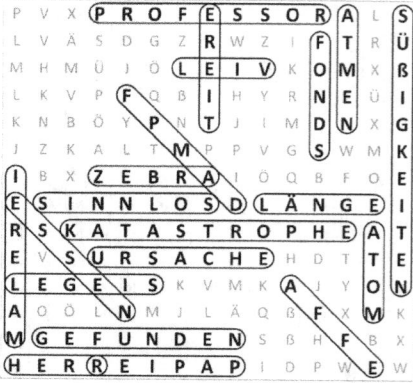

Puzzle 55

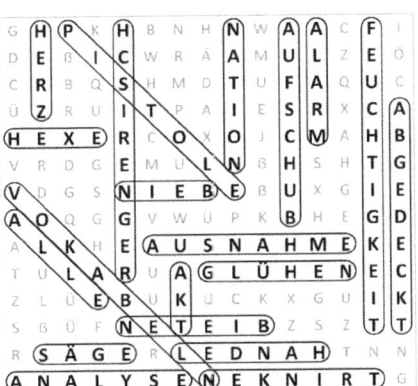

Puzzle 56

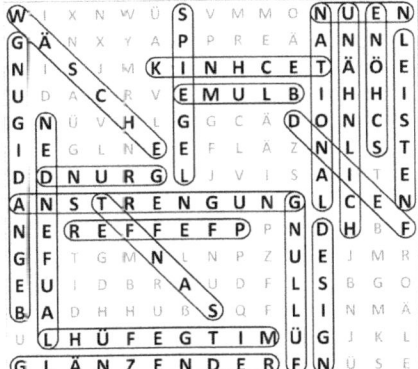

Puzzle 57

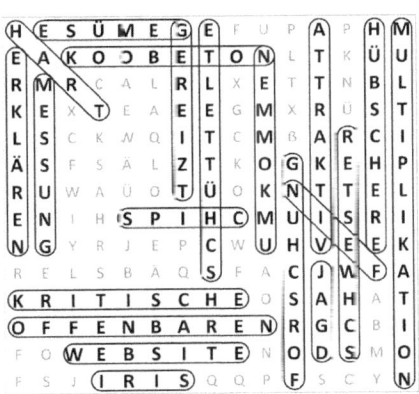

Puzzle 58

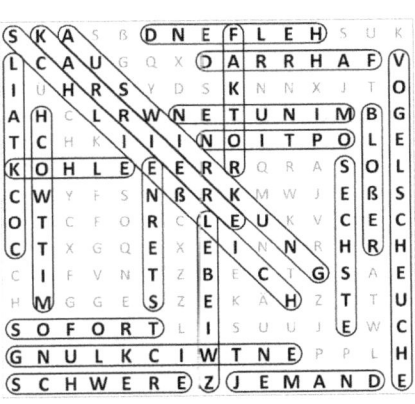

Puzzle 59

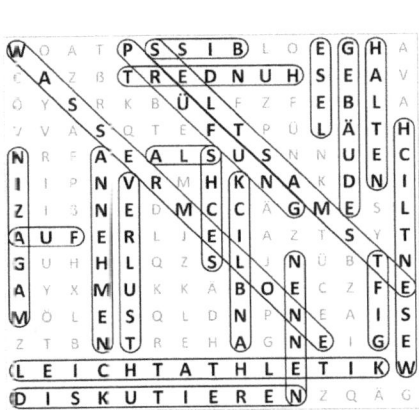

Puzzle 60

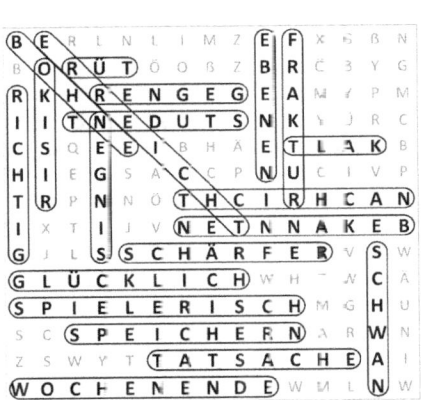

Puzzle 61

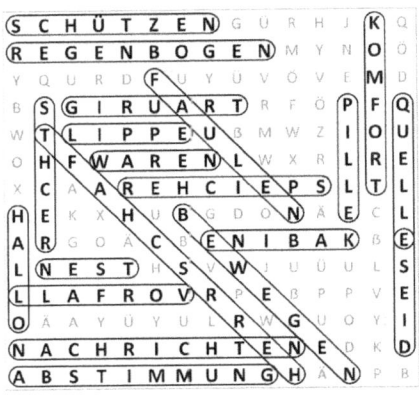

Puzzle 62

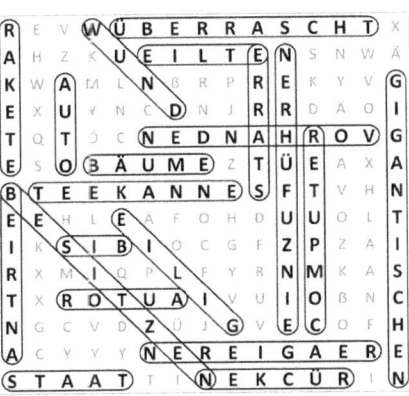

Puzzle 63

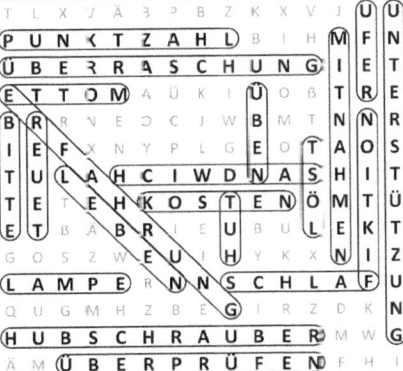

Puzzle 64

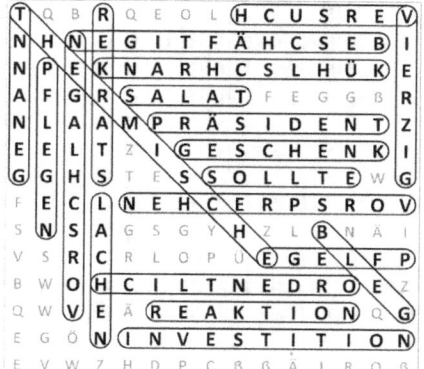

Puzzle 65

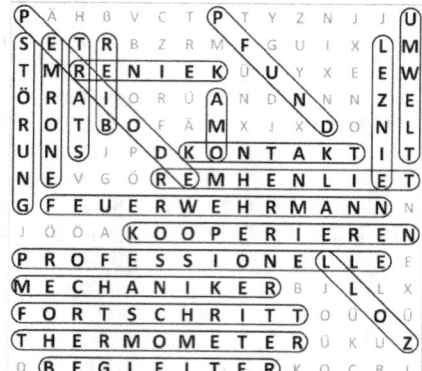

Puzzle 66

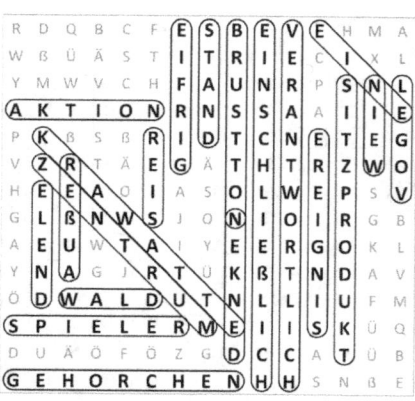

Puzzle 67

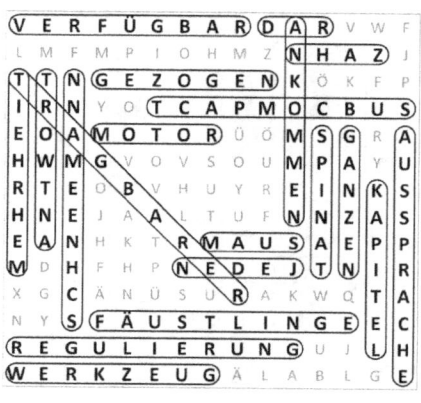

Puzzle 68

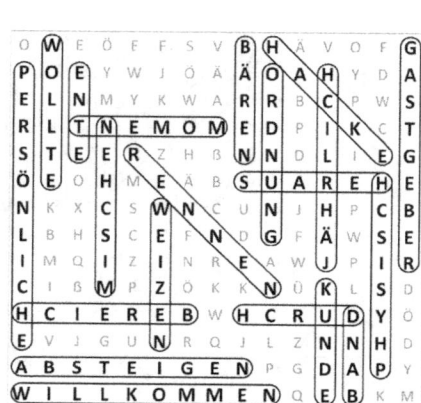

Puzzle 69

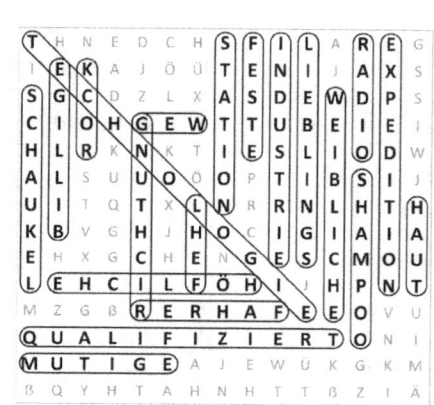

Puzzle 70

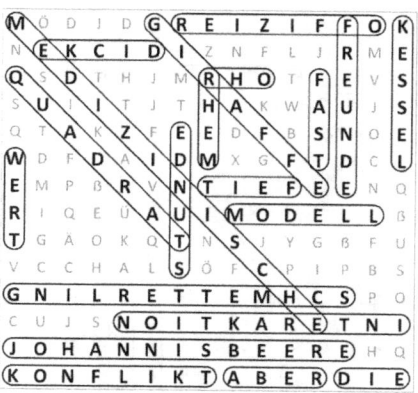

Puzzle 71

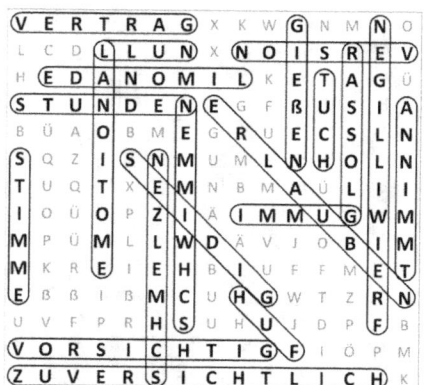

Puzzle 72

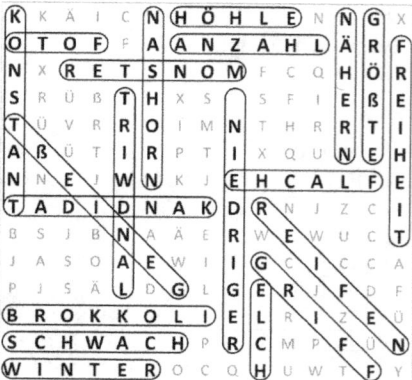

Puzzle 73

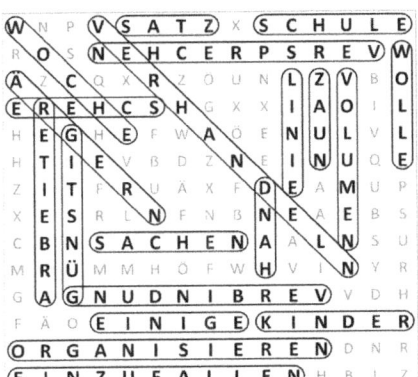

Puzzle 74

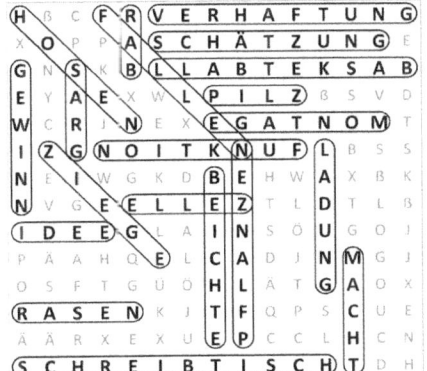

Puzzle 75

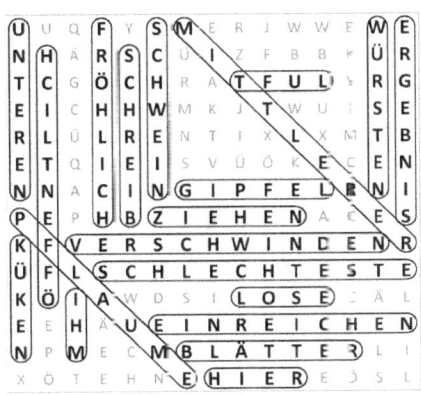

Puzzle 76

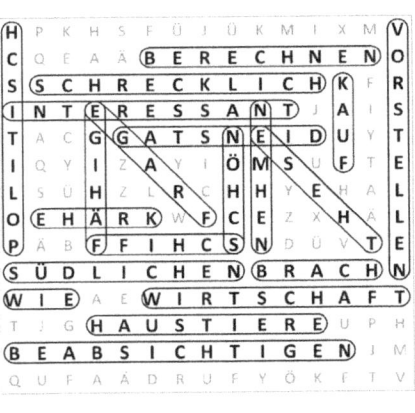

Puzzle 77

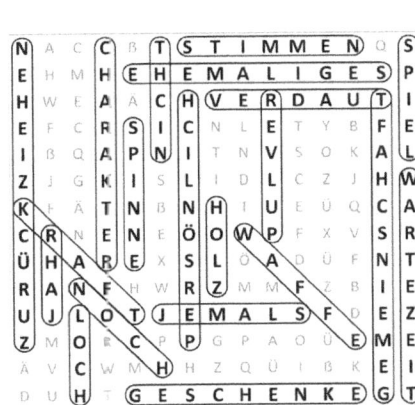

Puzzle 78

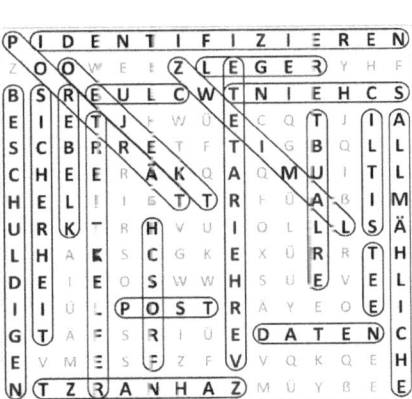

Puzzle 79

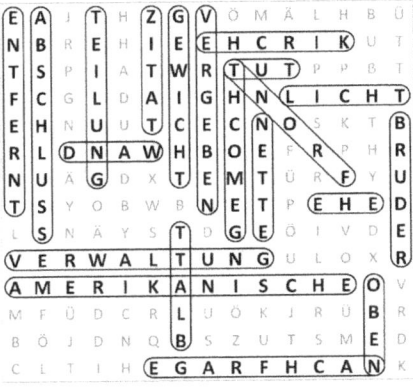

Puzzle 80

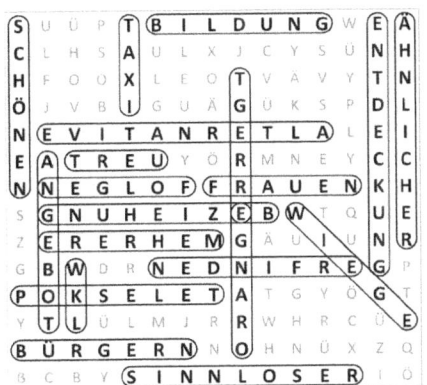

Puzzle 81

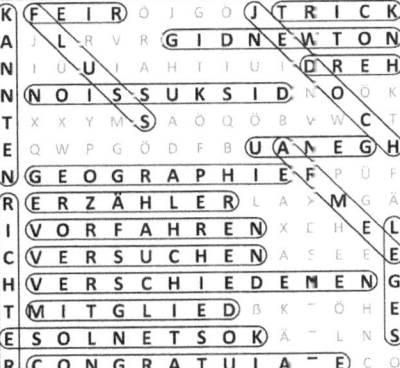

Puzzle 82

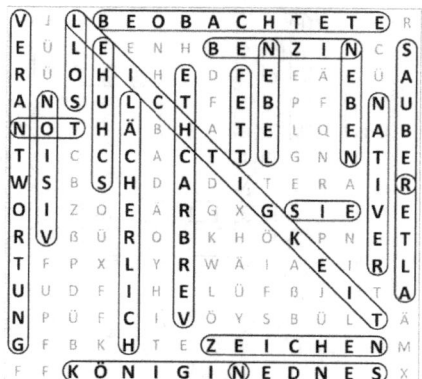

Puzzle 83

Puzzle 84

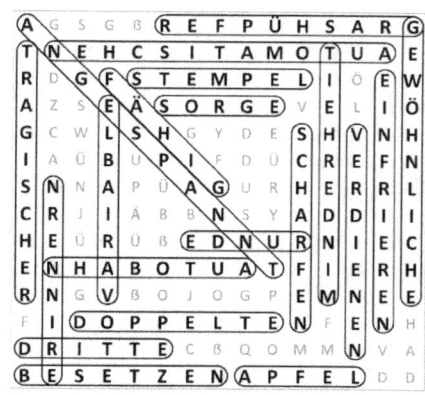

Puzzle 85

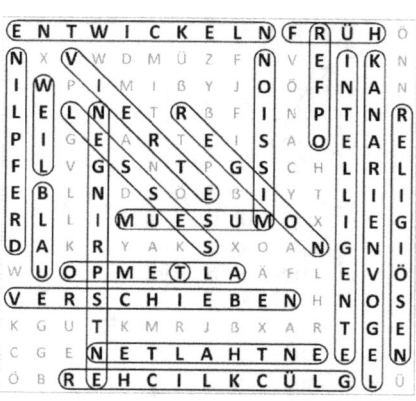

Puzzle 86

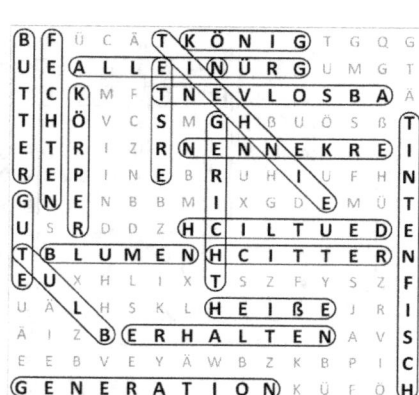

Puzzle 87

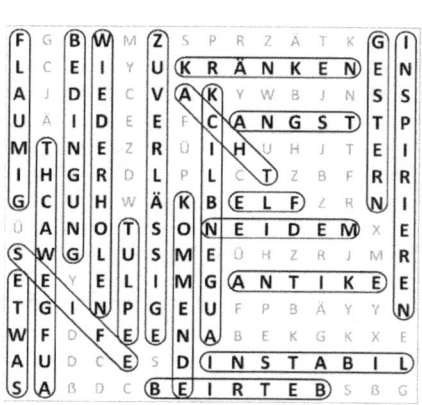

Puzzle 88

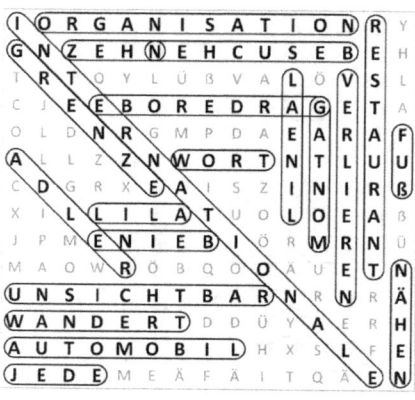

Puzzle 89

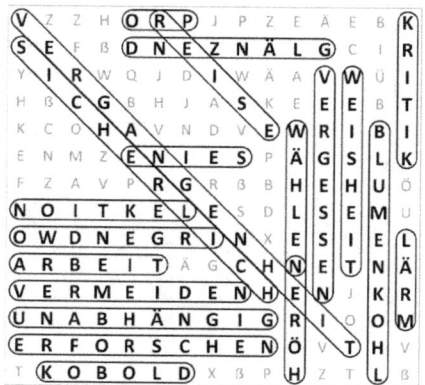

Puzzle 90

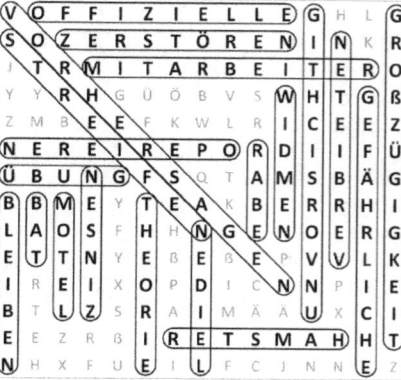

Puzzle 91

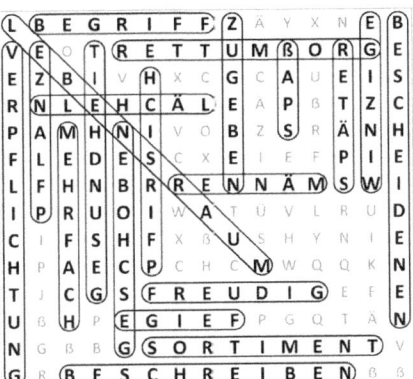

Puzzle 92

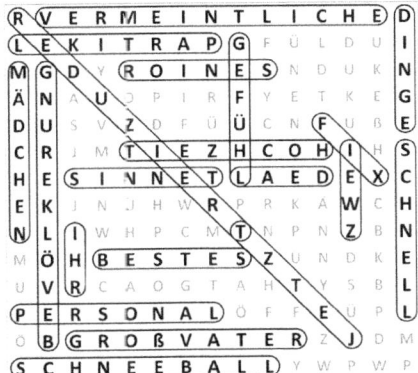

Puzzle 93

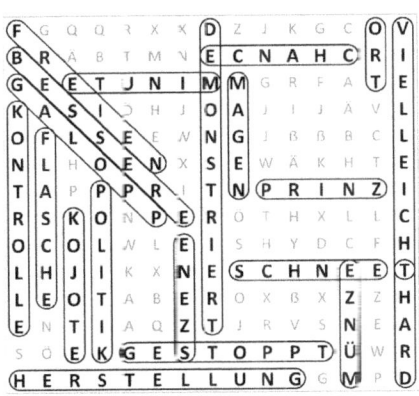

Puzzle 94

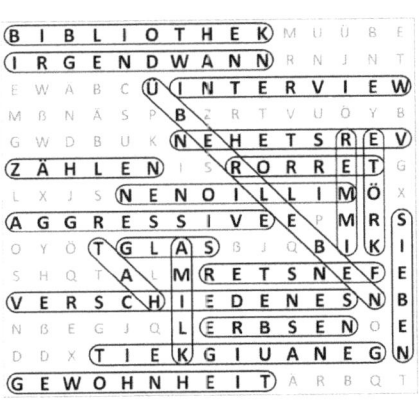

Puzzle 95

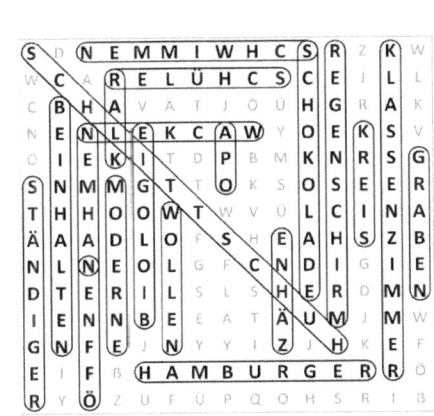

Puzzle 96

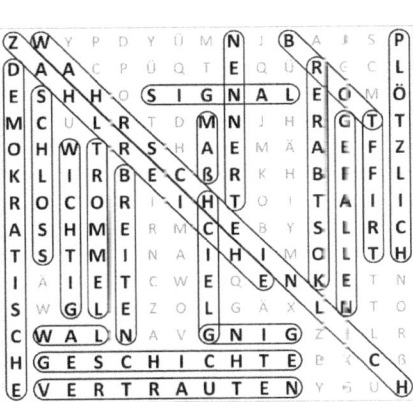

Puzzle 97

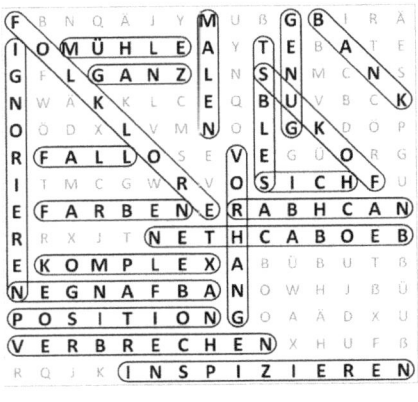

Puzzle 98

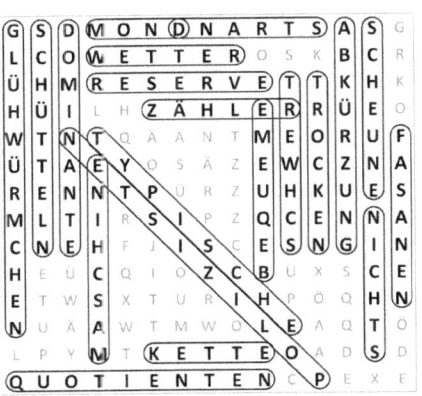

Puzzle 99

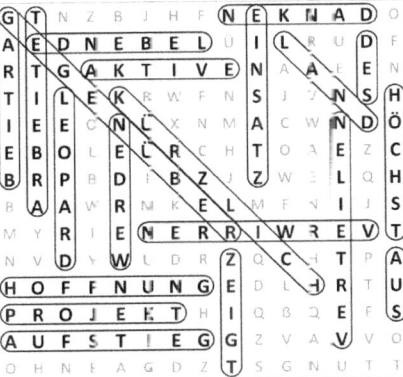

Puzzle 100

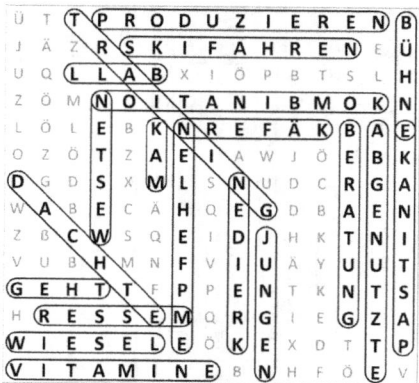

Congratulations

You made it!

We hope you enjoyed this book as much as we enjoyed making it. We do our best to make high quality games.

These puzzles are designed in a clever way to actively spark the brain and make it sharp and quick!
Did you love them?

A Simple Request

Our books exist thanks to the reviews you post on Amazon. Could you help us by leaving a review now?

Here is a short link which will take you to your Amazon orders review page.

BestBooksActivity.com/Review50

MONSTER CHALLENGE!

Challenge #1

Ready for Your Bonus Game? We use them all the time but they are not so easy to find. Here are **Synonyms**!

Note 5 words you discovered in each of the Puzzles noted below (#21, #36, #76) and try to find 2 synonyms for each word.

Note 5 Words from *Puzzle 21*

Words	Synonym 1	Synonym 2

Note 5 Words from *Puzzle 36*

Words	Synonym 1	Synonym 2

Note 5 Words from *Puzzle 76*

Words	Synonym 1	Synonym 2

Challenge #2

Now that you are warmed-up, note 5 words you discovered in each Puzzle noted below (#9, #17, #25) and try to find 2 antonyms for each word.
How many lines can you do in 20 minutes?

Note 5 Words from **Puzzle 9**

Words	Antonym 1	Antonym 2

Note 5 Words from **Puzzle 17**

Words	Antonym 1	Antonym 2

Note 5 Words from **Puzzle 25**

Words	Antonym 1	Antonym 2

Challenge #3

Wonderful, this monster challenge is nothing to you!

Ready for the last one? Choose your 10 favorite words discovered in any of the Puzzles and note them below.

1.	6.
2.	7.
3.	8.
4.	9.
5.	10.

Now, using these words and within a maximum of six sentences, your challenge is to compose a text about a person, animal or place that you love!

Tip: You can use the last blank page of this book as a draft!

Your Writing:

Explore a Unique Store
Set Up **FOR YOU!**

BestActivityBooks.com/**TheStore**

Designed for **Entertainment**!

Light Up Your Brain With Unique **Gift Ideas**.

Access **Surprising** And **Essential Supplies!**

CHECK OUT OUR MONTHLY SELECTION NOW!

- Expertly Crafted Products -

NOTEBOOK:

SEE YOU SOON!

Delta Classics Team

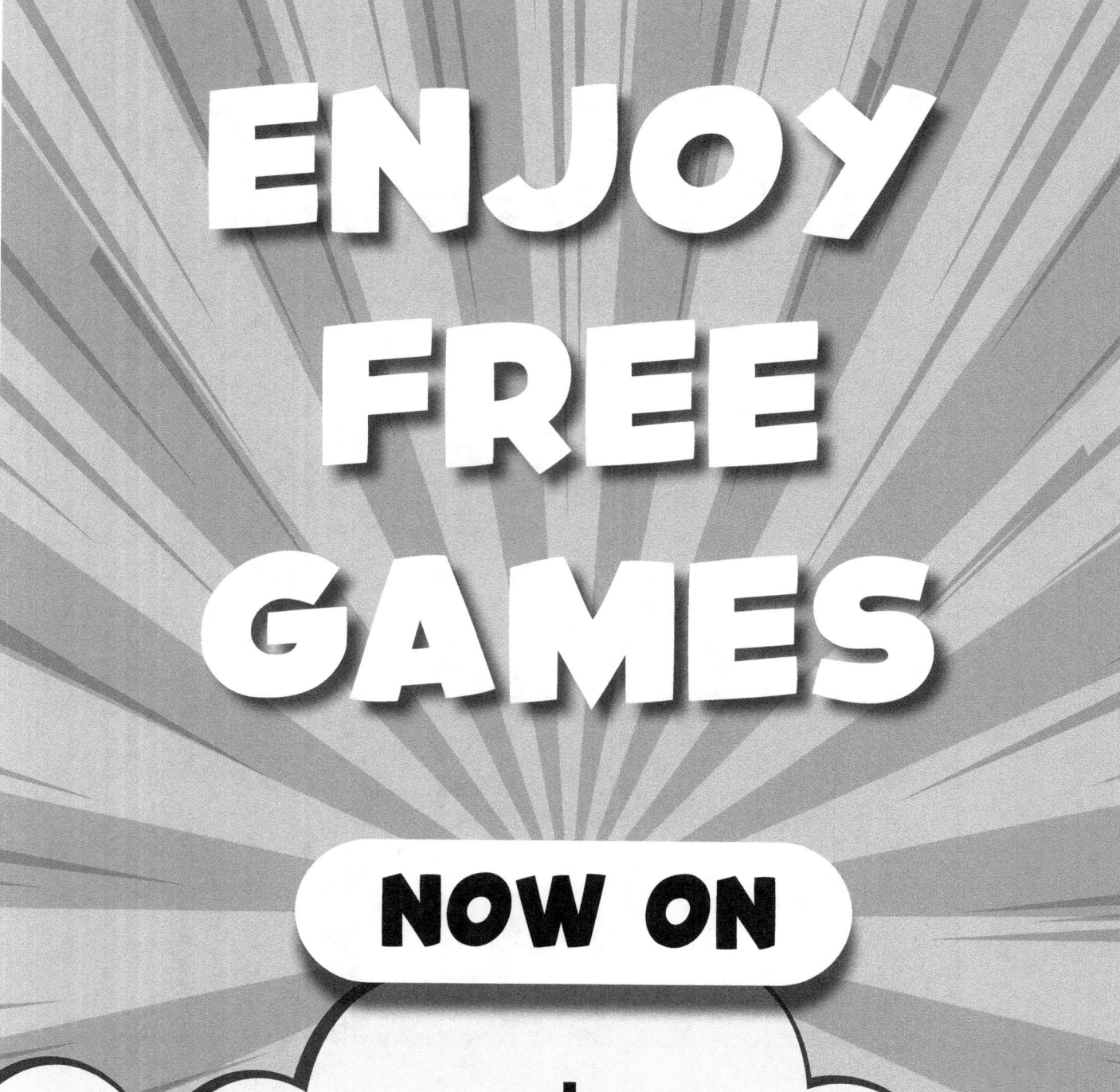